AF464596

DU SYSTÈME

COLONIAL DE LA FRANCE,

SOUS LES RAPPORTS

DE LA POLITIQUE ET DU COMMERCE.

CET OUVRAGE SE TROUVE AUSSI AU DÉPÔT
DE MA LIBRAIRIE,

Palais-Royal, galeries de bois, nos 265 et 266.

DU SYSTÈME
COLONIAL DE LA FRANCE,

SOUS LES RAPPORTS

DE LA POLITIQUE ET DU COMMERCE.

ACCOMPAGNÉ D'UN TABLEAU DONNANT LA NOMENCLATURE TECHNOLOGIQUE DE TOUS LES ÉTABLISSEMENS COLONIAUX ET DE COMMERCE DES EUROPÉENS DANS LES AUTRES PARTIES DU MONDE.

PAR LE COMTE DE HOGENDORP.

PARIS,

J. G. DENTU, IMPRIMEUR-LIBRAIRE,

rue des Petits-Augustins, n° 5 (ancien hôtel de Persan).

1817.

AVIS DE L'ÉDITEUR.

Cet ouvrage allait paraître, lorsque M. l'abbé de Pradt a publié le sien, intitulé : *des Colonies et de la révolution actuelle de l'Amérique.* Leur rapprochement offre la singularité la plus piquante. Dès les premières pages, il est démontré que M. de Hogendorp, hollandais de naissance, se montre beaucoup plus zélé pour les intérêts de notre patrie, plus ami de sa prospérité que l'auteur fameux dont la nouvelle production a captivé pendant quelques instans l'attention.

Il n'eût peut-être pas été indifférent de présenter au public un parallèle entre les deux livres où se traite une matière si importante; mais déjà l'ouvrage de M. l'abbé de Pradt a été convenablement apprécié, sinon dans tous les journaux, du moins dans un d'entr'eux. On pressent qu'il s'agit ici des quatre articles signés H, et qui ont paru, à peu de distance les uns des autres, dans *le Journal des Débats.*

L'auteur de cet examen approfondi a réellement épuisé la matière; et, pour réfuter les assertions hasardées ou dangereuses de M. l'abbé de Pradt, pour faire ressortir la singulière assurance avec laquelle, écrivant sur les colonies, il commet en géographie les plus fortes bévues, il faudrait maintenant emprunter les propres expressions du critique, ou du moins reproduire ses idées.

Il est vrai que l'on pourrait prendre un parti tout différent, si l'on voulait se féliciter en quelque sorte avec l'auteur de ce que, si ses prophéties se réalisent, les puissances européennes, à l'exception de la seule Angleterre, n'auront bientôt plus de colonies. Les Français, que les sinistres suppositions de M. l'abbé de Pradt auraient pu attrister, ne liront pas sans intérêt l'ouvrage de M. de Hogendorp. Ils y verront que tout n'est pas encore aussi désespéré que le suppose M. l'abbé de Pradt. Ils pourront d'ailleurs accorder à M. de Hogendorp d'autant plus de confiance, qu'un long séjour dans l'Inde lui a donné des connaissances positives sur les matières qu'il traite, et qu'il n'a pas écrit, lui, uniquement pour faire un livre. On ne le verra point insinuer le conseil de déporter les émigrés (1). Ce n'est pas dans l'ouvrage de M. Hogendorp que l'on trouvera le conseil donné à la France de renoncer entièrement à sa marine; quoiqu'elle doive concourir un

(1) Pour qu'une semblable assertion ne paraisse pas calomnieuse, il est indispensable de citer le texte. On prie donc les lecteurs de méditer avec attention le chapitre XXVIII, littéralement transcrit de M. l'abbé de Pradt, tome Ier, pag. 322 et 323.

Considérations particulières. « Lorsque de grandes révolutions et des mouvemens prolongés ont agité de vastes étendues de terres, déplacé les uns, froissé les autres, dénaturé l'existence de plusieurs, abaissé ce qui avait été ou ce qui était devenu grand, la sagesse ordonne de prévenir les troubles que tant d'intérêts pourraient renouveler. Le cœur de l'homme ne s'arrête

jour, selon M. l'abbé de Pradt, avec celle des peuples d'Amérique à briser *le joug de fer* de l'Angleterre, lorsque ce joug sera devenu une *toile d'araignée.* De pareilles contradictions dans les pensées comme dans les termes, n'appartiennent qu'à M. l'abbé de Pradt. Mais ce que l'on trouvera dans l'ouvrage de M. de Hogendorp, c'est une distinction lumineusé entre les diverses sortes de colonies, distinction qui sert de base à ses raisonnemens, et qui lui donne la facilité de présenter à la France

---

pas dans la recherche de ce qu'il a perdu et de ce qu'il croît lui appartenir.

« Vingt-cinq ans de mouvemens, qui ont mis dessous ce qui était dessus, et remis dessus ce qui avait eté dessous, ont laissé à découvert des intérêts, et des hommes qui, après avoir été portés, par le flot des évènemens, à des rangs bien inattendus par eux, ne sont plus, après les avoir occupés, les mêmes qu'ils auraient été s'ils n'y fussent jamais montés. Ils n'existent pas seuls au monde, leurs familles doivent les continuer, et quelquefois les circonstances leur ont donné de hauts appuis.

« Serait-il tout à fait hors de propos, ainsi que hors des intérêts de l'Europe, de disposer, dans cette vue, d'emplacemens qui manquent dans son sein? On peut quelquefois se décharger avec utilité d'un fardeau dont la garde ne serait pas sans poids et sans danger. Une existence en partie de grandeur et d'humiliation, n'est jamais un gage de sécurité : il n'y a que les choses bien définies qui en présentent une véritable. Les régions coloniales offrent leur vide comme remède et préservatif aux dangers de l'Europe. Quelques personnes préfèrent de continuer de haïr et de tourmenter : nous pensons qu'arranger est plus sûr. Il est des choses qui ne veulent qu'être indiquées, et sur lesquelles la circonspection ne cesse pas d'être un devoir, mais lorsqu'elle a cessé d'être un besoin. »

un équivalent pour la perte de ses plus belles possessions aux Antilles et dans la mer des Indes. On s'occupe en ce moment d'expéditions sur la côte d'Afrique : peut-être ce que dit M. de Hogendorp sur la possibilité d'établir une colonie dans l'île de Madagascar, frappera-t-il le Gouvernement français. Lorsque son projet ne serait pas entièrement adopté, il pourra servir de base, de point de départ pour quelques autres entreprises utiles aux intérêts de la France.

Quoiqu'il puisse arriver, de tels plans seront toujours plus avantageux que des projets de bouleversemens dans les cinq parties du monde.

Il est une vérité consolante, c'est que les états ne tendent pas aussi promptement que certains publicistes le supposent, à la désorganisation. L'émancipation entière des colonies espagnoles de l'Amérique méridionale n'est pas, quoiqu'on en puisse dire, un évènement si prochain. Avant qu'il se réalise, s'il doit avoir lieu, la France et les autres puissances maritimes de l'Europe pourront tourner leurs vues vers l'amélioration de leurs colonies, ou même vers les moyens de remplacer celles qu'elles ont perdues. Ainsi des ouvrages tels que celui de M. de Hogendorp ne pourront manquer d'intéresser long-temps encore une nombreuse classe de lecteurs.

PRÉFACE.

L'AUTEUR de cet ouvrage n'est pas né français ; il l'est devenu par suite des évènemens de la révolution dont il a été le jouet comme tant d'autres, et dont il a fini par être une des victimes ; d'autant plus malheureux qu'il n'a aucun reproche à se faire, n'ayant jamais trompé ni trahi personne.

Sa conduite a toujours été pure, et si désintéressée, que maintenant, après avoir occupé des emplois et des places de la plus haute importance, tant aux Indes orientales qu'en Hollande, au service de sa patrie et ensuite au service de la France, il se trouve dénué de fortune, à la fin de sa carrière.

Il n'avait pas intention de parler de lui-même, mais il pense qu'un ouvrage comme celui-ci a besoin que les lecteurs accordent à la personne de l'auteur quelque confiance. Il a donc cru nécessaire de leur dire qu'il a passé dix-sept années de sa vie aux grandes Indes, au service de la Hollande, sa patrie primitive, et qu'il a parcouru et visité les principaux établissemens des nations européennes dans cette partie du monde, ce qui lui a donné l'occasion d'examiner et d'apprendre à connaître les différens principes d'administration et de gouvernement adoptés par ces possessions, et les effets qui en sont les résultats.

Aussi frappé des vices, en quelque sorte inhérens au système des compagnies exclusives, que des désordres, excès et malversations qui en sont comme les suites inévitables ; il se proposa, à son retour en Europe, dans l'année 1800, de rendre à sa patrie le service d'exposer à ses yeux, sans aucun ménagement, les vices de ce système absurde, ainsi que les résultats désastreux pour ses possessions comme pour son commerce, qui en sont les conséquences.

Il publia un ouvrage dans lequel il donnait une description véridique de l'état où se trouvaient les possessions de la compagnie en Asie, et principalement la précieuse île de Java. Il démontra que c'était uniquement au système vicieux du monopole, qu'on devait attribuer, et la mauvaise administration, et l'état malheureux de ces possessions. Au lieu d'enrichir l'état et la compagnie, elles coûtaient en effet plus qu'elles ne rapportaient; tandis qu'en adoptant un meilleur système d'administration coloniale et en donnant la liberté au commerce, ces précieuses possessions pourraient procurer à l'état des avantages considérables, directs par les revenus, et indirects, par le commerce libre.

Ces idées ne devaient pas plaire aux gens imbus d'anciens préjugés, d'après lesquels on croyait que le commerce des Indes ne pouvait être fait que par une compagnie exclusive ; ni à ceux qui, par intérêt, tenaient aux abus de cet ordre de choses dont ils profitaient. Les uns et les autres ne pouvaient manquer de susciter beaucoup d'ennemis à l'auteur, ainsi que des critiques et des contradictions à son ouvrage.

Cependant, la force de la vérité et l'évidence éclatèrent en sa faveur ; l'opinion publique, indispensable en pareille matière, se forma et se prononça positivement pour lui. Maintenant que la Hollande a recouvré son existence indépendante, et avec la paix, une bonne partie de ses possessions en Asie ; il a eu la satisfaction de voir que non seulement S. M. le Roi des Pays-Bas a adopté le système établi dans ses ouvrages pour leur commerce et leur administration, mais même que les réglemens et les instructions qui en prescrivent l'observance, sont presque littéralement semblables au plan proposé par lui dans son dernier ouvrage, publié en 1802. C'est là une preuve incontestable de la bonté de ses plans.

Aussi, lors même que, par suite de l'esprit de haine et d'animosité qui caractérise les discordes civiles, l'auteur devrait, jusqu'à la fin de sa carrière, éprouver l'ingratitude de sa patrie, il trouvera toujours un grand motif de consolation dans la conviction où il est de lui avoir rendu un grand service, en opérant par ses écrits ce changement dans son système colonial. On ne peut lui contester le mérite d'en avoir été la principale cause. Le temps viendra, sans doute, où la postérité lui rendra justice, et le proclamera un des citoyens qui ont bien mérité de la patrie. Puissent ses enfans ou petits-enfans, jouir un jour de cette justice tardive, et recueillir le prix de la reconnaissance nationale!

Quant à lui, réfugié en France, il se plaît à considérer ce beau pays comme une seconde patrie à laquelle il a voué toute son affection. Dans l'espoir de pouvoir lui être de quelque utilité, il a employé ses loisirs à composer, pendant l'hiver dernier, à la campagne où il s'était retiré pour attendre la décision de son sort, l'ouvrage qu'il présente aujourd'hui au public.

Méditant sur l'importance de la question du système colonial pour les intérêts de la France, il a été frappé de la situation où la pacification générale la laisse, par rapport aux possessions coloniales, ainsi que des conséquences désastreuses pour son commerce et sa prospérité, qui en doivent résulter nécessairement. Il n'a pas vu qu'aucun écrivain politique en ces derniers temps eût traité ou entamé cette matière, excepté M. l'abbé de Pradt, qui, dans son ouvrage sur le Congrès de Vienne, en a dit quelques mots. Il a osé penser qu'une discussion impartiale et raisonnée de cette question intéressante, avec l'esquisse d'un projet pour rétablir la prospérité coloniale de la France, pourrait être utile et agréable à la nation, et reçu avec quelque faveur par le public.

L'auteur professe un respect trop profond envers le gouvernement, pour n'être pas persuadé que, dans sa sollicitude pour le bien général, il ne soit occupé de cet objet important; que même il n'ait déjà pris toutes les mesures convenables pour assurer la prospérité de ses colonies.

Toutefois, il est convaincu que le Monarque éclairé et paternel, si fortement ami du bien-être et du bonheur de ses sujets, qu'il considère tous comme ses enfans, ne condamnera pas l'essai que fait un simple particulier, de présenter ses idées sur cette matière intéressante à l'examen du public. Si ces idées ne sont pas bonnes, elles tomberont sans faire aucune sensation, et sans entraver les mesures du gouvernement. Mais si elles ne sont pas mauvaises, si elles ont quelque mérite, et obtiennent l'approbation et l'assentiment du public, sur-tout du public commerçant, le gouvernement n'en trouvera que plus facile l'exécution du plan, s'il l'approuve et l'adopte.

L'auteur n'ayant aucunes prétentions pour la forme de son ouvrage, dont il reconnaît volontiers les imperfections, n'en a pas non plus pour le fonds, dont il laisse le jugement à la discrétion du public. Il ne prétend défendre que ses intentions : elles sont pures, et n'ont absolument d'autre but que celui de tâcher d'être utiles. Elles offrent au public le résultat de son expérience et de ses connaissances, acquises par un long séjour aux Indes et par des méditations suivies ; car il s'est occupé, presque pendant toute sa vie, de cet objet intéressant.

La lecture qu'il a faite des meilleurs ouvrages sur cette matière, lui a donné lieu de remarquer les erreurs, les méprises et les obscurités qu'occasionnait le défaut de précision, même dans les auteurs les plus exacts. Elle lui a suggéré l'idée d'une nomenclature technologique, pour la définition et la dénomination des différentes espèces d'établissemens européens dans les autres parties du monde. Il ose penser que cette idée jettera de la clarté sur un objet qui, malgré toute son importance, n'a pas toujours été bien compris, ni par les nations ni par les gouvernemens. Cet inconvénient provient, à ce qu'il croit, en grande partie de confusion et d'obscurité. On n'a pas bien défini, bien distingué les différences existant entre les diverses espèces d'établissemens que presque généralement on designait par le seul mot de *colonies*, sans égard aux différences qui les caractérisent.

Le tableau qui est le résultat de cette nomenclature technologique, est aussi bien loin d'approcher de la perfection; mais l'idée en est neuve: elle pourrait fournir à des auteurs plus habiles, l'occasion de travailler à la perfectionner, et à la rendre plus utile encore à l'intelligence de cette matière si intéressante pour la France et pour toutes les nations maritimes de l'Europe.

CONSIDÉRATIONS

POLITIQUES ET COMMERCIALES

SUR LE SYSTÈME COLONIAL

DE LA FRANCE.

CHAPITRE PREMIER.

Définition des termes dont on se sert pour désigner les différens établissemens formés par les Européens dans les deux Indes.

On s'est assez généralement habitué à se servir du mot de *colonies* en parlant ou en écrivant, pour désigner les établissemens des Européens dans les trois autres parties du monde. Cette habitude, toute indifférente qu'elle paraît au premier abord, a cependant donné lieu à bien des erreurs, et a eu des conséquences graves, non seulement dans la théorie des raisonnemens, mais encore dans la pratique de l'administration. Raynal a très-judicieusement intitulé son livre : *Histoire des établissemens et du commerce des Européens dans les deux Indes;* mais quoique dans son ouvrage il ait donné une définition exacte de la nature différente de ces établissemens, il n'a nulle part établi une *dénomination technologique et fixe* pour désigner chaque espèce ou genre, d'après les différences qui les distinguent; chose cependant essentielle et très-nécessaire pour pouvoir s'entendre sur cette matière si intéressante, mais si compliquée.

Un autre auteur, M. l'abbé de Pradt, par le titre seul de son ouvrage, *les Trois âges des colonies,* et en nommant constamment tous les établissemens sans distinction des *colonies,* a confondu toutes les idées. Il est tombé par-là dans plusieurs erreurs, en appliquant les mêmes raisonnemens et les mêmes conséquences à des objets qui se trouvent être foncièrement d'une nature différente, comme nous essaierons à le prouver.

Quoique les différences qui existent entre les nombreux établissemens formés par les Européens au-delà des mers, varient presqu'à l'infini, nous nous bornerons, pour être entendus de nos lecteurs, à les classer en trois espèces principales; savoir :

1° En colonies ;

2° En établissemens de commerce ;

3° En possessions territoriales.

Nous donnerons d'abord une définition de ce que nous entendons par ces dénominations. Nous en ferons ensuite l'application, en classant les principaux établissemens européens dans les deux Indes, sous la rubrique que leur nature leur assigne. Nous osons nous flatter que cela jettera une grande clarté sur la question dont nous allons nous occuper, et facilitera beaucoup la marche des raisonnemens qui doit nous mener à notre but.

Sans vouloir nous engager dans une digression savante sur l'étymologie du mot *colonie*, nous dirons seulement qu'il nous vient des anciens. Les Phéniciens ont fondé des colonies : Carthage en était une; celle-ci, à son tour, a fondé des colonies sur la côte d'Afrique, en Espagne, et peut-être jusque dans les îles britanniques. Il est probable que plusieurs de ces colonies ont déjà été du genre des établissemens de commerce, et proprement des factoreries; au moins le motif et le but de leur fondation a-t-il évidemment été le commerce.

Les Grecs ont fondé beaucoup de colonies, et celles-là étaient des colonies proprement dites. Dans de petits Etats ou des républiques n'ayant qu'un territoire peu étendu, la mère-patrie envoyait quelques-uns de ses citoyens s'établir en d'autres pays ou îles, en conservant, sous certaines conditions, et par des lois, les rapports et les relations de commune patrie, et constituaient ainsi les liaisons de la métropole avec ses colonies; c'est là l'origine de ces mots *métropole* et *colonie;* elle en fixe le sens et en explique la nature.

Les Romains ont établi des colonies militaires sur les bords du Rhin et du Danube; c'étaient des légions ou des vétérans auxquels on donnait des districts ou des provinces en usufruit, sous la condition de défendre les frontières. Cette espèce de colonie n'a rien de commun avec le sujet que nous traitons. Aucune nation européenne n'a établi de colonies sur ces principes au-delà des mers.

D'après cela, on voit que la dénomination de *colonie* a été très-improprement appliquée à la plus grande partie des établissemens européens aux deux Indes, et qu'il n'y en a que peu qui appartiennent à cette classe, encore existe-t-il entre celles qu'on peut appeler *colonies*, des différences qui les distinguent entr'elles, et forment des subdivisions que nous indiquerons, et qui sont essentielles à fixer pour bien s'entendre.

La seconde espèce d'établissemens est celle qui a pour objet le commerce seul, et la dénomination générale qui lui convient est : *Etablissemens de commerce;* car on leur donne les divers noms de *factoreries*, de *loges*, de *comptoirs*, et lorsqu'ils sont fortifiés, comme beaucoup le sont, on les nomme aussi *forts*, *châteaux* et *citadelles;* ce qui a dénaturé les choses et mis la confusion dans les idées.

Enfin, à la troisième espèce appartiennent les *possessions territoriales;* ce sont les pays conquis par les puissances européennes, principalement aux Indes orientales. Des nations civilisées y ont été entièrement subjuguées, et ont passé sous la domination de leurs vainqueurs, qui exercent le gouvernement et l'administration sur ces peuples, en s'appropriant les revenus publics.

Dans l'origine, l'intention de toutes les entreprises, pour découvrir de nouveaux pays et établir de nouvelles liaisons, a sans doute eu pour objet le commerce. Mais l'esprit des temps où elles ont eu lieu, le caractère des nations et des Souverains, les évènemens et les circonstances imprévues ont influé sur le sort et la forme de ces établissemens : par là ils sont devenus de nature très-différente, comme c'est le sort de toutes les institutions humaines.

Lorsque Colomb s'élança vers l'Occident, il pensait aborder aux Indes orientales *pour le commerce*. De même les Portugais, sous Vasco de Gama, doublèrent le cap de Bonne-Espérance pour arriver au même but : ils cherchaient les Indes orientales et leur *commerce*.

Colomb trouva dans l'Amérique des indigènes nus et sauvages. Il n'y avait pas de commerce à faire avec eux. Ils avaient beaucoup d'or, on le leur prit ; quand ils n'en eurent plus, il fallait le chercher dans les mines. On fit travailler les indigènes à leur extraction ; trop faibles pour ces travaux, ils succombèrent, et leur race fut presque éteinte. On imagina de les remplacer par des nègres d'Afrique. Voilà l'origine de *la traite* et *de l'esclavage des Africains*. En possession de ces vastes contrées, par la supériorité des armes et de la tactique européenne, les Espagnols y établirent leur domination : c'est l'origine des *colonies*.

Vasco de Gama aborda aux Indes orientales. Il y trouva des peuples civilisés avec lesquels on pouvait commercer ; mais ces peuples avaient d'autres mœurs, une autre religion que les Portugais. Bientôt la jalousie et la méfiance s'établirent ; on se querella, il fallut combattre. Les Portugais comprirent que, pour faire le commerce, il fallait le protéger ; on établit des factoreries : c'est l'origine des *établissemens de commerce*. On fut obligé d'armer, de fortifier ces factoreries, ce qui engendra des disputes, des guerres ; on se battit, on fit des conquêtes : voilà l'origine des *possessions territoriales*. Nous verrons, dans la suite, la marche particulière que chaque nation européenne a suivie pour ses établissemens, et ce qui en a été le résultat.

Passons maintenant à la nomenclature et au classement des principaux établissemens européens d'outre-mer, d'après les définitions que nous venons d'établir.

1° *Colonies*.

Quoique, par la définition que nous avons donnée du mot de *colonie*, nous puissions avoir montré assez clairement quels établissemens ont droit à ce nom, cependant nous avons aussi déjà remarqué que, même dans ce genre, il existe encore des différences qui exigent une sous-division. Ainsi, nous nommerons 1° *colonies pures*, celles où la population a été transplantée par la nation qui a formé l'établissement sur le sol nouveau où les colons sont établis, vivent et cultivent la terre, sans mélange avec les indigènes ou d'autres peuples, et sans esclaves, ou du moins sans la culture forcée et exclusive des esclaves. Telles sont : l'île de Madère, les îles Açores, les îles du Cap-Vert, appartenant aux Portugais, et les îles Canaries, dont les Espagnols sont les maîtres; l'Amérique septentrionale, maintenant les États-Unis, colonies fondées par les Anglais, et qui se sont rendues indépendantes ; le Canada, colonie fondée par les Français, cédée aux Anglais et possédée par eux ; le cap de Bonne-Espérance, colonie fondée par les Hollandais, conquise et possédée par les Anglais ; enfin, les établissemens formés par les Anglais à Botany-Bay et au port Jackson, dans la nouvelle Hollande et l'île de Norfolck, sont aussi des colonies pures ; 2° *colonies mixtes* ; ce sont celles où la population principale a été transplantée, par la métropole, sur le sol nouveau ; mais où elle s'est mélangée avec la population indigène, qui a adopté la religion, les mœurs et les lois du peuple vainqueur, de manière à ne faire qu'une seule et même nation avec lui. Telles sont toutes les colonies des Espagnols en Amérique, et le Brésil qui appartient aux Portugais; 3° enfin, *colonies à esclaves;* ce sont celles où la culture est basée sur le travail des esclaves-nègres, pour produire des denrées tropicales ou coloniales. Telles sont les Guyanes française et hollandaise, et toutes les îles Antilles, appartenantes aux Français, Anglais, Hollandais, Espagnols et Danois. Telles sont encore l'île de France, cédée maintenant aux Anglais, et l'île de Bourbon, restée aux Français, dans les mers des grandes Indes.

2° *Établissemens de commerce.*

Nous avons déjà dit que la découverte de l'Amérique, par Colomb, et l'état où il trouva cette partie du monde et ses habitans, donnèrent lieu à l'établissement de *colonies;* tandis qu'au contraire, l'état où Vasco de Gama trouva l'Asie et ses habitans, força les Portugais à faire des *établissemens de commerce.* On commença par louer ou acquérir des maisons et des magasins dans les villes où l'on désirait faire le commerce, pour garder les marchandises et loger les hommes qu'on y laissait, tandis que les vaisseaux s'absentaient, soit pour retourner en Europe, soit pour visiter d'autres échelles.

Bientôt, pendant l'absence des vaisseaux, ces

hommes, laissés sans protection, furent inquiétés, insultés, souvent même massacrés. Pour pourvoir à leur sûreté, on imagina d'enclore de murs, de barricader, de fortifier ces maisons et ces magasins. On les arma d'artillerie, on y mit garnison : voilà l'origine des *factoreries*, telles que toutes les nations de l'Europe, faisant le commerce de l'Inde, en ont établi dans tous les pays de l'Asie où on a voulu les admettre; tandis que, dans les pays où les gouvernemens ont été assez forts et assez sages pour se prémunir contre les empiétemens des Européens, comme en Chine et au Japon, on ne leur a pas permis de fortifier ou d'armer leurs factoreries, qui sont restées de simples maisons ou loges de commerce, dont les gouvernemens de ces pays font eux-mêmes la garde et la police.

Ceci nous porte à faire une subdivision de cette classe, que nous nommerons, 1° *factoreries armées*, 2° *factoreries simples*.

De la première espèce sont, comme nous l'avons dit, les premiers établissemens formés par toutes les nations européennes, et sur-tout par les compagnies exclusives qui ont entrepris le commerce de l'Inde.

Les Portugais, devanciers de tous les autres Européens dans cette carrière, acquirent bientôt, par la supériorité de leurs armes et de leur bravoure, une puissance qui changea leurs *établissemens de commerce* en *possessions territoriales*, et leurs *factoreries armées* en *citadelles* et *capitales de gouvernemens*. Ils possédèrent un établissement à Mozambique, sur la côte orientale de l'Afrique; ensuite à la côte de Malabar, dont Goa était le chef-lieu, ainsi que la capitale de toutes leurs possessions en Asie. Ils eurent aussi l'île de Ceylan, dont Colombo était le chef-lieu, et la presque île de Malacca, dont la capitale fut la ville du même nom. De là, ils dominèrent, d'un côté, sur le golfe Persique, et jusque dans la mer Rouge; au centre, sur la côte de Coromandel et le Bengale; et à l'autre extrémité, sur les Moluques et les îles de la Sonde.

Cette grandeur et cette puissance durèrent tant que d'autres nations européennes ne parurent point dans l'Inde; mais les Hollandais exclus du port de Lisbonne, par Philippe II, qui avait conquis le Portugal, résolurent d'aller à la source chercher les productions de l'Inde; faisant la guerre aux Espagnols et aux Portugais qui leur étaient soumis, ils chassèrent ces derniers d'une place et d'une possession dans l'autre, jusqu'à ce qu'ils fussent réduits à la seule ville de Goa, avec un petit district autour; aux villes peu importantes de Deman et de Diu ; à une petite factorerie sur l'île de Timor, enfin à la ville et au port de Macao, que les Chinois leur avaient concédés, à l'embouchure du Tigre.

Ainsi leurs *établissemens de commerce*, qui par suite étaient devenus *possessions territoriales*, sont rentrés dans leur état primitif et n'ont plus que des *factoreries armées;* car quoique Goa soit encore une ville considérable, nous ne pouvons cependant la ranger maintenant que dans la classe des *établissemens de commerce*.

Les Hollandais, qui d'abord n'avaient eu d'autres vues que le *commerce*, et d'autres projets que de faire des *établissemens de commerce*, virent bientôt par leurs conquêtes sur les Portugais, et par leurs démêlés avec les princes du pays, leurs *établissemens* devenir *possessions territoriales* et leurs factoreries des citadelles et des capitales.

Dans le temps de sa plus grande prospérité, la Compagnie hollandaise avait des *établissemens de commerce* par toute l'Asie, depuis la mer Rouge jusqu'aux mers de la Chine et au Japon, outre ses *possessions territoriales*, concentrées aux îles de Java, de Ceylan et des Moluques.

Maintenant que cette compagnie n'existe plus, qu'il y en a une nouvelle pour le commerce de la Chine, et que l'État s'est chargé de l'administration et du gouvernement des *possessions territoriales* qui lui sont restées, savoir : l'île de Java et les Moluques, il faudra voir quel parti les Hollandais prendront au sujet des *établissemens de commerce* qu'ils possédaient dans les parties de l'Inde, maintenant appartenantes aux Anglais et devenus des *possessions territoriales.* Nous en parlerons ailleurs.

Les Français et les Anglais débutèrent dans les Indes en marchands, comme les Hollandais et tous les autres Européens; ils formèrent des *établissemens de commerce* sur toutes les côtes et dans tous les pays où l'on voulut bien le permettre; ils étaient tous des *factoreries armées* plus ou moins fortes, d'après les circonstances.

Les Français sous Dupleix acquirent les premiers des *possessions territoriales;* mal compris et mal secondé par la cour de Versailles, Dupleix succomba, et les Anglais, sous lord Clives, prirent cet élan qui leur a donné dans l'Inde un empire immense, et a changé leurs *établissemens de commerce* en *possessions territoriales.*

Les Anglais, maîtres de l'Inde, n'ont conservé comme *établissemens de commerce* que la *factorerie fortifiée* de Bencoolen, sur la côte occidentale de l'île de Sumatra, avec quelques factoreries qui en dépendent; de plusieurs *factoreries simples* à Canton, en Chine, et une autre à Bassora, dans le golfe Persique. Cette dernière sert à entretenir les relations avec la Perse, et à faciliter la correspondance avec l'Europe par le chemin du désert.

Les Français, vaincus et chassés de l'Inde par les Anglais, y sont réduits aux seuls *établissemens de commerce*, dont encore les Anglais s'emparent à chaque premier coup de canon tiré au commencement d'une nouvelle guerre.

Pondichéry, sur la côte de Coromandel, Chandernagor au Bengale, Mahé sur la côte de Malabar, avec quelques petites factoreries subalternes, et une loge à Surate, sont tout ce qui est resté aux Français. Nous examinerons dans la suite de cet ouvrage, s'il est de la dignité du Gouvernement, et de l'intérêt du commerce, de conserver ces établissemens, aux conditions établies et dans la situation où les a mis la prépondérance anglaise dans l'Inde.

Les Danois possèdent Tranquebar sur la côte de Coromandel, avec quelques petites factoreries subordonnées au Bengale. C'est un *établissement de commerce* de la classe des *factoreries armées*, dans la même cathégorie que les établissemens français. La dignité d'une nation du troisième rang en Europe, peut ne pas souffrir de cette situation; mais nous doutons qu'elle y puisse trouver de l'avantage pour son commerce et ses intérêts.

3° *Possessions territoriales.*

Les *établissemens du commerce de factoreries armées* étant devenus par les guerres et par les conquêtes, comme nous l'avons vu, des *possessions territoriales*, ces établissemens ont changé totalement de nature, et forment une espèce particulière.

Il n'y a que les Anglais, les Hollandais et les Espagnols qui aient des *possessions territoriales*. Les premiers possèdent un empire formé de presque tout l'Indoustan, avec l'île de Ceylan; les seconds l'île de Java, avec les Moluques qui en dépendent, et les troisièmes les îles Philippines.

Nous sommes loin de penser que notre méthode de définitions et de classemens approche de la perfection ; c'est un essai que nous nous sommes permis, parce qu'il nous a paru, nous le répétons, que tant dans les ouvrages sur cette matière, que même dans la pratique des administrations, il y a eu souvent confusion d'idées, par suite de la non définition des termes, *colonies*, *établissemens de commerce*, etc., dont on se servait indistinctement pour désigner ces objets, et sur-tout par l'habitude presque générale de se servir, en écrivant et en parlant, du mot de *colonies* pour tous les établissemens européens au-delà des mers.

Au moins notre définition et notre classement seront utiles pour l'intelligence de cet ouvrage. Dans la vue de le rendre plus clair encore, nous avons formé le tableau ci-joint, qui présente aux lecteurs, d'un seul coup-d'œil, le sytème de définition que nous avons adopté.

CHAPITRE II.

De l'importance des établissemens européens aux deux Indes, et de leurs relations et rapports avec leurs métropoles.

Nous avons établi que le commerce a été le premier but et le premier objet des établissemens européens au-delà des mers. Nous pensons que le commerce est encore l'avantage le plus important et le plus essentiel de la possession de ces établissemens ; car, quoique les revenus des nations qui ont des *possessions territoriales* soient, en apparence, plus considérables que les profits du commerce, ces revenus sont absorbés, en grande partie, par les frais d'administration et de défense. C'est par le commerce et ses conséquences que les grandes et véritables richesses sont acquises par les métropoles, qui savent tirer le meilleur parti de leurs établissemens au-delà des mers.

Le commerce, qui est l'échange mutuel des productions du sol et de l'industrie des différens pays, nécessite les communications des nations entr'elles : par là il contribue efficacement à la civilisation et au progrès des lumières. Le commerce par mer, en facilitant les transports, a étendu la navigation. La boussole a fait découvrir l'Amérique et la route des Indes orientales. Nous avons déjà dit comment ces découvertes ont donné lieu, pour des raisons différentes, à la formation d'établissemens qui, par les circonstances et les évènemens, sont devenus *colonies*, *établissemens de commerce* ou *possessions territoriales*.

L'histoire de la formation et de l'administration de ces établissemens nous présente malheureusement une suite d'erreurs et de fautes de la part des gouvernemens européens, erreurs qui seraient difficiles à comprendre, si, dans toutes les institutions humaines, on ne devait reconnaître cette insuffisance de lumières et de prévoyance, qui, malgré les leçons de l'expérience, fait commettre tant de bévues, et caractérise les facultés bornées de l'homme.

Nous osons le répéter ici : nous croyons qu'une cause principale des erreurs où l'on est tombé consiste en ce qu'on a pas fait assez d'attention aux différences qui existent entre ces diverses espèces d'établissemens, et qu'on n'y a pas eu égard dans l'adoption des systèmes suivis par les gouvernemens pour leur administration. Aussi n'est-ce, pour ainsi dire, que par hasard et en tâtonnant que se sont formés ces établissemens, dont quelques-uns ont étonné, non seulement par leur prospérité et leurs richesses, mais encore par la rapidité avec laquelle ces succès furent obtenus, dès qu'ils ont été libérés des entraves du monopole et d'une administration vicieuse.

Saint-Domingue en est un exemple frappant. Qu'était Saint-Domingue sous les Espagnols? Qu'était-il sous les flibustiers, sous le régime du monopole d'une compagnie? Et qu'est devenu Saint-Domingue, depuis 1722, que cette île a été affranchie du monopole, jusqu'en 1789?

C'est donc en examinant attentivement la nature du commerce et des établissemens d'outre-mer, en approfondissant cette matière compliquée, en prenant leçon du passé, que l'on peut parvenir à la bien connaître, à fixer ses idées; et enfin, après avoir distingué la différente nature de chaque établissement, déterminer quel est le meilleur système d'administration qu'il convient d'adopter pour chaque espèce respective.

Si le commerce est le but principal de tous les établissemens des Européens au-delà des mers, la nature de ce commerce et la manière de le diriger diffèrent néanmoins essentiellement. Les colonies produisent et livrent à la métropole les denrées dites *coloniales* ou *tropicales*, et reçoivent en retour tous leurs besoins, en objets de fabrication ou de consommation que leur sol et leur industrie ne produisent pas. Comme les colons sont ou Européens ou descendans d'Européens, et ont conservé les goûts et les habitudes de l'Europe, leur consommation en marchandises européennes est très-considérable.

Les *établissemens de commerce* sont les factoreries, où se fait l'échange ou le commerce des objets de fabrication ou des productions des pays éloignés, principalement d'Asie, dont la jouissance est devenue un besoin pour les habitans de l'Europe. On y fournit, en échange, autant de marchandises d'Europe qu'on peut trouver à en débiter dans ces pays; mais comme les habitans de l'Asie, sur-tout ceux de l'Indostan et de la Chine, ont des mœurs, des habitudes et des vêtemens tout différens de ceux de l'Europe, ce débit n'est pas considérable, et il faut solder le reste avec de l'argent.

Les *possessions territoriales* livrent les productions de leur sol et de leurs fabriques, soit pour des prix fixes, soit comme des tributs; on cherche aussi à y débiter autant de marchandises européennes qu'il se peut. Les revenus de ces possessions servent à payer les frais de défense et d'administration; et s'il y a de l'excédent, la remise en est faite à la métropole, en marchandises, par la voie du commerce.

Comme les *colonies* cultivent et produisent uniquement pour la métropole, et livrent exclusivement à elle, en recevant d'elle seule toutes leurs consommations, on sent combien ces établissemens sont intéressans et avantageux pour leurs métropoles.

Les *établissemens de commerce*, au contraire, ne livrent que ce qu'ils veulent vendre, et consomment fort peu; lors même que les compagnies ou les négocians particuliers qui exploitent le commerce y feraient quelques gains, la métropole perd toujours, soit par l'exportation du numéraire et par les frais que lui occasionnent les établissemens, soit par les dépenses des guerres auxquelles leur possession donne souvent lieu.

Les *possessions territoriales* peuvent être plus utiles et plus profitables pour leurs métropoles, si elles savent en tirer parti en assimilant, autant que possible, le gouvernement et l'administration de ces possessions à ceux des colonies, ce qui, augmentant les revenus, fera augmenter en même temps la quantité des productions qui reflueront vers la métropole. On a nommé ce système, dans ces derniers temps, *système de colonisation*, mais c'était improprement; car quoiqu'en résultat, comme nous l'avons dit nous-mêmes, ce système tende à rapprocher la forme de ces possessions de celle des colonies, cela s'entend seulement pour les résultats du commerce; car la différence primitive et essentielle entre ces deux espèces d'établissemens reste toujours, savoir, que les *colonies* sont peuplées et habitées par des colons de la mère-patrie, et les *possessions territoriales* par les indigènes, lesquels, presque tous, ont des mœurs, des usages, des religions, des langages différens de ceux de la métropole; tandis que les colons, conservant les habitudes de la mère-patrie, en restent presque citoyens. Les Anglais ont le mieux senti et reconnu ces vérités; leur gouvernement, leur administration de l'empire qu'ils possèdent en Asie, sont le mieux adaptés à la nature de ces possessions. Les Hollandais, ou plutôt la Compagnie des Indes hollandaise, en rapportant tout aux profits du commerce, en voulant tout gagner par l'exclusif et le monopole, ont négligé l'administration de leurs *possessions territoriales*, et principalement de la précieuse île de Java; pour mieux dire, cette colonie les a écrasés sous le joug du monopole qu'elle leur a imposé, en les laissant en outre languir sous le régime féodal de leur gouvernement indigène.

L'incurie et l'indolence des Espagnols, jointes à leurs mauvais principes en fait de commerce, et à leur intolérance religieuse, sont causes que les Philippines ne sont pas devenues ce qu'elles auraient pu être sous une meilleure administration.

Il résulte de tout ceci, en thèse générale, que les établissemens au-delà des mers ayant pour but principal le commerce, ceux là sont les plus intéressans et les plus avantageux à leur métropole, qui produisent et livrent le plus de productions de leur sol et de leur industrie; qui consomment le plus des exportations que la mère-patrie y peut faire des productions de son propre sol, et des objets de son industrie; qui emploient, pour les communications, le plus de navires et de marins de sa navigation marchande, et qui coûtent le moins en dépenses d'administration et de défense. C'est en jugeant, d'après ces principes, les résultats connus de ce qu'ont produit ou produisent les principaux établissemens européens aux deux Indes, que l'on pourra prononcer lesquels ont été les plus productifs, et par conséquent les plus avantageux pour leurs métropoles.

C'est aussi par cet examen approfondi que l'on pourra parvenir à fixer ses idées sur les meilleurs principes de gouvernement et d'administration pour ces établissemens, d'après lesquels on formerait et adopterait un système de conduite fixe et bien combiné, tant pour le régime et l'administration des établissemens déjà existans, que pour la formation éventuelle de nouveaux établissemens.

Nous pourrions maintenant passer de ces considérations générales à leur application au système colonial de la France en particulier; mais comme nous rencontrerions deux questions importantes qui nous embarrasseraient beaucoup dans la série de nos raisonnemens, nous aimons mieux discuter ces deux questions préalablement dans des chapitres séparés. Il s'agit des *compagnies exclusives* et de l'*esclavage et traite des nègres.*

CHAPITRE III.

Des compagnies exclusives.

PRESQUE toutes les nations de l'Europe, lorsqu'elles ont voulu entreprendre le commerce des Indes orientales, ont commencé par former des compagnies auxquelles les Gouvernemens accordaient des priviléges exclusifs. On a aussi établi beaucoup d'autres compagnies en partie exclusives pour des entreprises en tout genre de navigation de long cours, de commerce et de pêcheries. Presque toutes ces compagnies ont eu le même sort, celui de se ruiner, ainsi que ceux qui y avaient pris part et ceux qui avaient fait des affaires avec elles.

La première de toutes ces compagnies, et qui a servi de modèle à toutes les autres, est celle de Hollande, pour le commerce des Indes orientales.

Son institution fut fortuite et due aux circonstances, aux évènemens du temps. Rien de plus sage néanmoins que les motifs de sa formation, et les dispositions de son régime dans *ce temps* et dans *ces circonstances*. Philippe II ayant conquis le Portugal, et faisant la guerre aux Hollandais insurgés contre sa tyrannie, les exclut du port de Lisbonne, où ils allaient chercher les épiceries et autres marchandises de l'Inde, pour les colporter dans tous les ports de l'Europe; ils prirent la résolution énergique d'aller les chercher eux-mêmes dans l'Inde. Corneille Houtman, Hollandais, qui avait été plusieurs années dans les Indes au service des Portugais, et était alors détenu en prison à Lisbonne, s'offrit à leur servir de guide. On accepta ses propositions, et on le délivra. Il se forma des associations à Amsterdam et en Zélande, dans la vue de faire des expéditions trop coûteuses pour des individus seuls. Ces expéditions arrivèrent dans l'Inde; mais, par leur concurrence, elles se nuisirent réciproquement, ce qui donna l'idée de réunir ces différentes associations en une seule compagnie, à laquelle les états-généraux accordèrent un privilége exclusif, en réglant, par un octroi, ses droits à exercer et ses obligations à remplir.

Dans l'état et dans la situation où se trouvait alors la Hollande, ainsi que rélativement à la situation des choses et à la manière de faire alors le commerce dans les ports de l'Inde, on ne pouvait certes prendre des mesures plus sages ni plus propres pour réussir. Mais ce qui prouve *qu'en ce temps même* les bons esprits prévoyaient que les circonstances pouvaient varier, et les évènemens amener dans l'état des choses des changemens qui rendraient nécessaires d'autres changemens dans les mesures, c'est que l'octroi ne fut accordé que pour un temps limité. Aux premières époques d'expiration, les changemens de circonstances n'étaient pas assez considérables pour porter à la cessation de l'octroi; mais malheureusement on s'habitua trop aisément à considérer la compagnie comme esentielle à l'exploitation du commerce de l'Inde, et de période en période, malgré l'évidence de son déclin, on renouvela son privilége jusqu'à ce qu'elle faillît entraîner l'Etat même dans sa ruine, devenue inévitable.

Cette compagnie, qui commença ses opérations avec un capital de six millions de florins de Hollande, dut ses premiers et brillans succès aux victoires que ses flottes remportèrent sur les flottes portugaises, aux prises de leurs riches vaisseaux et à la conquête de leurs établissemens. Elle se trouva par-là, aux Moluques, à Malacca, à Ceylan et au Malabar, en possession de citadelles et de forteresses toutes bâties et toutes armées, qui lui assuraient la domination et le commerce exclusif de ces contrées.

La conquête des Moluques lui donnait le monopole des épiceries, Ceylan, la canelle; et les Portugais étant chassés de tous les ports de l'Inde où les autres nations de l'Europe ne paraissaient pas encore, la compagnie faisait seule et sans concurrence ce commerce lucratif. Cette prospérité dura pendant tout le dix-septième siècle; mais dès les premières années du dix-huitième, elle commença à décheoir et à perdre annuellement sur ses opérations et sur le bilan de son capital, dont la valeur s'était accrue considérablement par ses premiers succès et ses conquêtes; de manière que dès 1734, le surplus de son avoir actif se trouva absorbé, et qu'elle fut obligée de recourir à des emprunts, afin de trouver des fonds nécessaires pour ses armemens et ses opérations. La paix avec le Portugal, soustrait à la domination de l'Espagne et redevenu état indépendant, ainsi qu'avec l'Espagne même, forcée à reconnaître la république, ayant fait cesser les hostilités, les profits des prises et des conquêtes cessèrent aussi. Les autres nations européennes, et notamment les Français et les Anglais, commencèrent à se montrer dans l'Inde, à prendre part à son commerce, et à y former des établissemens; cette concurrence, les guerres qui s'ensuivirent, les victoires et les conquêtes des Anglais, tout contribua à la décadence de la compagnie; ses propres succès dans les guerres qu'elle eut à soutenir à l'île de Java, à Macassar et aux Moluques, pour assurer sa domination, nécessaires au maintien de son commerce exclusif, et qui, en finissant par des conquêtes, lui donnèrent des *possessions territoriales*, contribuèrent à sa ruine, parce que, s'obstinant à appliquer les mêmes principes de monopole et de commerce exclusif à l'administration de ses établissemens changés de nature en devenant *établissemens de commerce, possessions territoriales*, elle n'en tira pas les profits et les avantages qu'un meilleur système, un système colonial aurait pu lui procurer. Les dépenses de leur administration et de leur défense excédèrent non seulement les revenus, mais tout le bénéfice que le commerce, quoiqu'exclusif, pouvait produire.

Cependant, malgré tous ces signes évidens de déclin et de destruction qui augmentèrent tous les ans, au point que depuis 1787 jusqu'en 1792, en temps de paix et de repos, et sans qu'aucun évènement désastreux extraordinaire eût eu lieu, la compagnie augmenta sa dette de plus de soixante millions de florins; en Hollande, et le public et même le Gouvernement étaient tellement imbus du préjugé que le commerce des Indes ne pouvait être fait que par une compagnie exclusive, que son crédit se soutint jusqu'en 1781. Quand alors il commença à s'ébranler par suite des pertes qu'occasionna la guerre d'Amérique, les états-généraux et les états de la province de Hollande soutinrent le crédit de la compagnie en garantissant ses emprunts, et même en les prenant pour le compte de l'État, jusqu'à ce qu'enfin la dette s'accrut, et forma une somme de cent cinquante millions de florins, qui sont restés à la charge du Gouvernement, lorque la compagnie a cessé d'exister.

Nous nous sommes plus à tracer rapidement les principaux traits de l'histoire des succès et de la chute de cette compagnie, pour pouvoir, en indiquant les causes de sa prospérité et de sa ruine, également trouver, dans les circonstances et les évènemens des différentes époques, la preuve que si, au commencement du dix-septième siècle, et dans l'état des choses qui avait lieu alors en Europe et aux Indes, surtout par rapport à la Hollande, une compagnie avec un privilége exclusif a pu être, et a été sans doute une mesure excellente pour y entreprendre et former des établissemens dans ce *temps-là* et dans *ces circonstances;* depuis, les circonstances ayant totalement changé, et la nature des établissemens et du commerce ayant changé aussi, par suite des évènemens, les compagnies exclusives ne sont plus propres à exploiter ce commerce, et encore moins à administrer des établissemens devenus possessions territoriales. Aussi les Hollandais ayant recouvré leur indépendance, et avec elle une partie de leurs possessions aux Indes orientales, et la paix leur donnant la faculté de recommencer le commerce de l'Inde, ils n'ont pas songé à rétablir une compagnie. Ils ont adopté un système libéral d'administration coloniale, pour leurs *possessions territoriales*, et accordé une liberté générale au commerce des Indes orientales, excepté celui de la Chine, pour lequel ils ont formé une nouvelle compagnie exclusive, ainsi que pour le commerce du Japon, qui, par sa nature, est comme celui de la Chine, propre à être exploité par une compagnie ayant un privilége exclusif; car en ces deux pays le gouvernement n'admettant les négocians étrangers qu'avec beaucoup de restrictions, et les bornant à un seul port où le commerce avec eux est monopolisé par des sociétés exclusives, il est sage et prudent d'opposer le monopole au monopole, parce que la liberté établissant la concurrence, cette concurrence nuirait aux intérêts divers de ceux qui feraient ce commerce.

Ces principes, qui sont vrais pour le commerce de la Chine et du Japon, étaient aussi vrais et bons pour tout le commerce des Indes orientales au commencement du dix-septième siècle, et lorsque les nations européennes entreprirent ce commerce et voulurent former des établissemens dans ces contrées. Aussi est-ce là le thême, l'argument favori et banal des partisans et défenseurs du système exclusif.

Nous n'avons pas le dessein de reproduire toutes les disputes, et encore moins les querelles qui ont eu lieu sur cette matière, tant en France que dans les autres pays de l'Europe intéressés au commerce de l'Inde. Il a été écrit à ce sujet des volumes, où les curieux peuvent s'instruire des argumens pour et contre. D'ailleurs la discussion est jugée par le fait, *la ruine de toutes les compagnies.*

Celle d'Angleterre existe encore, il est vrai; elle ne prouve cependant rien en faveur du système exclusif, parce que, par les modifications qu'elle a subies, elle a presqu'entièrement changé

TABLEAU

DE NOMENCLATURE TECHNOLOGIQUE

De tous les Etablissemens coloniaux et de commerce des Européens dans les autres parties du monde.

MÉTROPOLES.	COLONIES.			ÉTABLISSEMENS DE COMMERCE.		POSSESSIONS TERRITORIALES.
	COLONIES PURES.	COLONIES MIXTES.	COLONIES A ESCLAVES.	FACTORERIES ARMÉES.	FACTORERIES SIMPLES.	
Indépendans.	Les Etats - Unis d'Amérique.					
LE PORTUGAL.	L'île de Madère, Les îles Açores, Les îles du cap Vert.	Le Brésil.		Des forts à la côte de Mozambique, Goa, Deman, Diu, à la côte de Malabar, Un fort à Timor, Macao, en Chine.	A Canton, en Chine.	
LA HOLLANDE.			Surinam, L'île Curaçao, L'île Saint-Eustache, L'île Saint-Martin.	Delmina et dépendances, à la côte de Guinée, Cochin et dépendances, à la côte de Malabar, Négapatnam et dépendances, à la côte de Coromandel, Chinchura et dépendances, au Bengale, Padang et dépendances, sur l'île de Sumatra, Palembang et dépendances, Banger-Massing, à l'île de Bornéo, Coupang, sur l'île de Timor.	Dezima, au Japon, A Canton, en Chine, A Surate.	L'île de Java et dépendances, L'île de Macassar et dépendances, L'île d'Amboine et dépendances, L'île de Banda et dépendances, Les îles Moluques et dép., Malacca et dépendances.
LA FRANCE.			La Martinique, La Guadeloupe, Sainte-Lucie et autres Antilles, La Guiane française, L'île de Bourbon.	Pondichéry, à la côte de Coromandel, Mahé, à la côte de Malabar, Chandernagor, au Bengale, Saint-Louis, au Sénégal, L'île de Gorée.	A Surate, A Canton, en Chine, Saint - Pierre à Terre-Neuve, pour la pêche, Miquelon, *id.*	
L'ANGLETERRE.	Le Canada, Le cap de Bonne-Espérance, Botany-Bay et le port Jackson, à la N.-Hollande, L'île de Norfolk.		La Jamaïque et autres Antilles, Berbice, à la Guiane, Essequebo, *id.* Demerary, *id.* L'île de la Trinité, L'île de France.	Sierra-Leone et dépendances, à la côte de Guinée. Bencoolen et dépendances, à l'île Sumatra, L'île de Poulo-Pinang.	Canton, en Chine, Bassora, dans le golfe Persique.	Le Bengale, La côte de Coromandel, La côte de Malabar, L'île de Ceylan.
L'ESPAGNE.	Les îles Canaries.	La Floride, Le Mexique, La Terre Ferme, La N. - Grenade, Le Pérou, Le Chili, Le Paraguay.	L'île de Cuba, L'île de Porto-Ricco et autres Antilles, La partie espagnole de Saint-Domingue.		Canton, en Chine.	Les îles Philippines.
LE DANEMARK.			L'île de Saint-Thomas, L'île de Saint-Jean, L'île de Sainte-Croix.	Tranquebar, sur la côte de Coromandel, Serampore, au Bengale, Cristiansbourg, sur la côte de Guinée.	Canton, en Chine.	Les îles Philippines.
LA SUÈDE.					Canton, en Chine.	

de nature, et n'est plus exclusive que pour le seul commerce de la Chine. Elle porte encore en Angleterre et y vend les toiles qu'elle fait fabriquer au Bengale, à la côte de Coromandel, au Malabar et à Surate, ainsi que quelques productions qui continuent à lui être livrées à la côte de Malabar et dans ses factoreries. Le poivre lui vient principalement de l'île de Sumatra. Pour le commerce, tant de l'Angleterre aux Indes, que des Indes en Angleterre, et le commerce dit d'*Inde en Inde*, il est libre et abandonné aux particuliers. Les monopoles de l'opium et du sel ne peuvent être regardés que comme des branches de revenu public, puisque l'opium est vendu à Calcutta au commerce particulier, et le sel vendu et distribué dans l'intérieur comme dans une gabelle.

La Compagnie anglaise a dû ses succès à la supériorité de la marine de cette nation. Elle a battu la marine française, et en la chassant des mers des Indes, a facilité la conquête de l'Indostan, et consolidé la possession de cet important empire. Néanmoins, malgré toute cette prospérité, la Compagnie anglaise, si elle avait été abandonnée à ses propres forces et sur-tout à sa propre volonté dans ses opérations, aurait été dès long-temps ruinée, et aurait subi le sort de toutes les autres compagnies; mais le Gouvernement et la nation anglaise, en restreignant considérablement ses droits exclusifs et sur-tout ses pouvoirs de gouvernement sur les possessions territoriales, ont maintenu l'existence de cette compagnie pour la forme et pour le mode de relation des établissemens avec la métropole. Nous croyons pouvoir trouver les causes de cet arrangement bizarre dans la constitution de l'Angleterre. Nous en expliquerons les deux causes principales.

1° Si les *possessions territoriales* avaient été déclarées appartenir à l'État ou à la couronne, on n'aurait pas pu empêcher les sujets britanniques de s'y établir et d'y jouir de tous les droits que la constitution assure à tout citoyen anglais; tandis que, sous l'octroi d'une compagnie, on a pu faire pour ces établissemens des lois particulières, nommées par les Anglais *by-laws*, qui restreignent considérablement les droits et les libertés de ceux qui veulent s'établir dans ces possessions, et même défendent de s'y rendre sans la permission des directeurs de la compagnie, permission qui n'est accordée qu'après avoir fait signer aux francs marchands ou francs mariniers (*free marchants* et *free mariners*) qui veulent s'y établir, une convention (*covenant*) par laquelle ils se soumettent à l'observation de ces *by-laws*.

2° Si ces possessions territoriales eussent passé sous la domination directe de la couronne, la nomination aux nombreux et lucratifs emplois civils et militaires dans ces établissemens, que les Anglais appellent *patronage*, serait tombée entre les mains des ministres, ce qui aurait excité la jalousie de la nation, et fourni à l'opposition des sujets continuels de reproches et d'attaques; tandis que, sous la forme actuelle, les nominations se faisant ostensiblement par la cour des directeurs, les ministres, par l'influence qu'ils exercent, également font faire les nominations qu'ils désirent.

C'est par le moyen du *board of controul*, comité ou conseil supérieur pour les affaires de l'Inde, ordinairement présidé par un des ministres, et composé de personnes de leur parti, que le ministère exerce son influence sur la cour des directeurs de la compagnie. Ceux-ci ne peuvent prendre aucune résolution, ni même expédier ou recevoir des lettres pour tout ce qui regarde la politique, la guerre ou la paix et les finances de ces établissemens, sans en donner connaissance à ce conseil supérieur, et obtenir son consentement. Il rend compte chaque année au parlement de l'état des affaires de la compagnie et de ses possessions aux Indes ; il produit aussi le budget de ses finances. On voit par-là que la cour des directeurs, qui représente la compagnie, n'est plus guère qu'un bureau d'expédition pour les affaires de l'Inde, excepté pour le commerce ; et que si les Anglais conservent encore la compagnie, c'est pour des raisons propres à leur constitution, comme nous venons de l'expliquer.

Les compagnies danoises et suédoises n'étant exclusives que pour le commerce de la Chine, et ce commerce étant, comme nous l'avons prouvé, propre, de sa nature, à être fait par des compagnies exclusives, il n'est pas surprenant qu'elles se soient soutenues et continuent à exister.

La question des compagnies exclusives est, comme tant d'autres, en politique et en commerce, peu susceptible d'une solution positive : aussi les argumens présentés par les partisans des deux opinions, pour et contre, n'ont-ils, comme il arrive ordinairement, persuadé personne. Cependant la ruine totale de plus de cinquante compagnies exclusives, et en dernier lieu de celle de Hollande, pour ainsi dire la mère et le modèle de toutes les autres, et qui avait porté au plus haut point ses succès et sa prospérité, devrait dessiller les yeux et les ouvrir à la conviction; que si, en théorie, on peut pousser des argumens plausibles en faveur du système exclusif, en pratique, l'expérience et les faits ont prononcé définitivement contre.

En résumé, sans vouloir donner une opinion décisive, nous dirons qu'il nous paraît que la diversité d'opinions à ce sujet provient, en grande partie, de ce que l'on n'a pas assez défini et distingué les temps, les lieux, les circonstances et l'état des choses, lorsqu'on a voulu former des compagnies exclusives pour le commerce des Indes. Elles ont pu être utiles et avantageuses dans les commencemens, et lors des premières découvertes et tentatives pour former les liaisons et les établissemens; mais, dans l'état présent des choses, dans les circonstances actuelles, elles ne sauraient plus convenir. Enfin, si les compagnies exclusives peuvent avoir été et sont encore propres pour le commerce, en pays lointains et étrangers, où le gouvernement y met des entraves, et l'assujettit à des restrictions et au monopole, comme à la Chine et au Japon, elles ne le sont nullement pour faire celui des pays où le commerce est libre : elles deviennent même fatales et mortelles pour les *possessions territoriales* et les *colonies* que l'on soumet à leur monopole et régime exclusif, sur-tout si par-dessus cela on leur en laisse l'administration et le gouvernement, ce qui donne l'absurde institution d'une société de marchands, sujets dans leur patrie et souverains sur de vastes états, souvent plus grands, plus peuplés, plus riches que la mère-patrie elle-même.

Si néanmoins cette institution bizarre profitait en résultat à la métropole et aux contrées soumises à son régime, il n'y aurait rien à redire; mais l'esprit du monopole et de l'exclusif qui régit ces corps mercantiles, lorsqu'ils sont abandonnés à leurs propres volontés, les porte à considérer les acquisitions territoriales sous le seul point de vue commercial. Pour s'y assurer l'achat exclusif de toutes les productions du sol et même de l'industrie, il leur impose le joug de fer du monopole le plus odieux, qui, en prohibant tout commerce, force les malheureux habitans à livrer à des prix fixes et honteusement bas tous les fruits de leurs travaux d'agriculture ou de fabrique, tandis qu'on leur vend de même exclusivement tout ce dont ils ont besoin au plus haut prix et de la plus mauvaise qualité; système exécrable qui est encore aggravé par les malversations, fraudes et abus d'autorité des agens de cette tyrannie, auxquels il donne lieu, et qui paraissent inséparables et inhérens à ce régime.

Ce sont les *possessions territoriales* et les *colonies hollandaises* qui ont le plus et le plus longuement souffert de ce cruel état des choses, particulièrement l'île de Java et les Moluques, comme *possessions territoriales*, et le cap de Bonne-Espérance, comme *colonies*. Ainsi, tandis que ces belles et riches possessions auraient dû livrer à la métropole des quantités énormes de productions et fournir des revenus considérables, la compagnie a réussi, en suivant ce système extravagant, à les rendre onéreuses et pour elle-même et pour l'État. Dans les dernières années de son existence, avant la révolution, depuis 1786 jusqu'en 1792, sans essuyer aucune perte extraordinaire, la vente annuelle de ses retours en Hollande, seule recette de son revenu, ne s'est montée qu'à seize millions environ de florins par an; tandis que, pour obtenir cette valeur, elle a dépensé à la même époque, annuellement, en intérêts de sa dette, en armemens, achats de marchandises, envois de numéraire, dépenses pour munitions de guerre, enrôlemens, équipemens et autres frais de défense et d'administration, environ vingt-quatre millions de florins; ce qui lui faisait perdre, comme nous l'avons dejà dit, huit millions de florins par année, et augmenter sa dette, en cinq ans, de soixante millions de florins.

Que l'on compare maintenant ces résultats, conséquence inséparable du système des compagnies exclusives, avec ceux de la liberté de commerce et d'une administration coloniale de la partie française de Saint-Domingue, vers la même époque, en 1789. Cependant l'île de Java, seule, six fois plus grande que la partie française de Saint-Domingue, a, sur le sol le plus fertile de l'univers, une population de cinq millions d'habitans : ainsi, décuple de l'autre, et avec ces élémens de richesses et de prospérité, elle ne donna pas à sa métropole la dixième partie de ce que Saint-Domingue fournit à la sienne.

Que l'on apprécie, d'après cela, les compagnies exclusives, sur-tout pour l'administration des *colonies* et *possessions territoriales*.

CHAPITRE IV.

De l'esclavage et de la traite des nègres.

Cette question est jugée définitivement ; car la traite des nègres abolie, l'esclavage ne peut plus continuer à subsister. Sur ce sujet nous entrerons encore moins que sur celui du chapitre précédent, dans les argumens employés pour et contre par les partisans ou ennemis de la traite et de l'esclavage.

En religion et en morale, il ne peut pas exister de doute sur la question ; et si la politique doit être basée sur la morale, ou du moins ne pas y être contraire, alors aussi elle doit approuver l'abolition ; mais pour le commerce et l'économie politique, il n'en est pas de même. *Les colonies à esclaves*, telles que sont les îles des Antilles et les Guyanes française et hollandaise, ne peuvent exister sans esclaves. *Sans esclaves point de colonies*, ont dit Raynal et M. l'abbé de Pradt, deux auteurs qui font autorité et qui cependant pensaient bien différemment sur cette matière. Nous osons ajouter : *Sans traite point d'esclaves, et par conséquent point de colonies.* Mais qu'on ne juge pas notre opinion d'avance : nous ne voulons nullement entendre par-là qu'il faille rétablir la traite ni que l'on doive ou que l'on aurait dû, en prononçant l'abolition de la traite, abolir en même temps et spontanément l'esclavage. Dieu nous préserve de pareilles absurdités ! Nous allons nous expliquer. Nous avons dit que nous n'avions pas l'intention de discuter ni la question de l'esclavage ni celle de la traite. On a assez écrit sur cette matière pour que l'on puisse renvoyer les lecteurs curieux aux nombreux ouvrages que ces questions ont fait naître. Nous voulons seulement, en examinant les conséquences de l'abolition de la traite et l'état des choses aux *colonies à esclaves*, en déduire la preuve qu'après cette abolition, l'esclavage ne peut continuer d'exister à la longue et pour toujours ; ainsi donc si la règle est vraie, comme nous le croyons, *sans esclaves point de colonies*, ces colonies devront à la fin aussi cesser d'exister, ou du moins éprouver un dépérissement plus ou moins accéléré, d'après les circonstances et les évènemens que l'on ne peut prévoir exactement, abstraction faite de la question sous le point de vue de la religion et de la morale. Le commerce et l'économie politique ne peuvent considérer le nègre esclave que comme bête de somme, et comme tel, calculer le produit de son travail, le prix de son achat, le coût de son entretien, la reproduction probable, et, dans le cas de diminution, le prix des achats pour le remplacement.

On a dit, nous le savons, et nous voudrions bien sincèrement que ce fût vrai, que lorsque la traite serait abolie, les colons propriétaires des esclaves seraient forcés, non seulement par humanité, mais aussi par calcul, à mieux traiter leurs esclaves, et sur-tout à alléger le poids des travaux qu'ils leur imposent ; ce qui, en les consolant et en adoucissant leur sort, les porterait naturellement à une plus forte reproduction de leur espèce.

Nous ne le croyons pas ; nous allons exposer nos raisons.

Le travail de l'esclave est nécessaire pour faire donner, par le sol, les productions dont la vente fait le revenu des propriétaires ; ce travail fait une partie de la valeur produite qui peut être évaluée au juste. Si donc on diminue du tiers le travail exigé de l'esclave, il est clair que la valeur en quantité du produit doit diminuer de même d'un tiers ; et lorsqu'avec la même dépense le propriétaire n'obtiendra que deux tiers des productions que lui donnait sa plantation avant l'abolition de la traite, croit-on que le produit soit suffisant pour couvrir sa dépense et lui assurer un bénéfice pour l'intérêt de ses fonds et la récompense de ses travaux ?

Mais, dit-on, en travaillant moins, le nègre travaillera mieux ; cela n'influera en rien sur la quantité, et bien peu sur la qualité des productions ; cela par conséquent n'en augmentera pas la valeur.

On dit encore : L'esclave, mieux traité, multipliera sa progéniture, ce qui donnera plus de bras. Avec l'épargne des achats annuels rendus impossibles par l'abolition de la traite, et inutiles par l'augmentation de la reproduction, le propriétaire y retrouvera la balance de sa perte par suite de la diminution des productions.

Nous sommes fâchés de ne pouvoir ajouter foi à ce pronostic. L'esclave assurément ressentira d'abord de la joie en se voyant délivré d'une partie du travail immodéré qu'on exigeait de lui ; mais bientôt il s'accoutumera à ce mieux, qui sera bien loin encore d'un état de félicité. Les heures, les jours de repos lui feront paraître plus durs que jamais ceux du travail ; enfin une meilleure nourriture et plus de soins seront moins comparés par lui à ce qu'ils étaient qu'à ce qu'ils pourraient être, et à la vie et aux jouissances de ses maîtres les blancs. Nous ne croyons donc pas que ces améliorations du sort des esclaves nègres produisent une augmentation assez sensible de la reproduction de l'espèce, pour contrebalancer la diminution qui aura lieu par suite de l'abolition de la traite.

La hausse des prix, conséquence de la diminution des productions, pourrait indemniser les colons, si c'étaient les Antilles seules qui pussent produire les denrées coloniales ou tropicales; mais à mesure que leurs productions diminueront, on augmentera la culture de ces objets en d'autres établissemens, notamment au Brésil, dans l'Indostan et à l'île de Java, où nous croyons, ou pour mieux dire nous sommes sûrs que, cultivées par des mains libres, sans les dépenses exorbitantes de la première mise de capitaux en achats de terrain, de bâtimens, d'usines et d'esclaves, les terres produiront à bien meilleur marché.

Si le cultivateur, à l'île de Java, peut obtenir trois à quatre sous de France pour la livre pesant de café, il est très-bien indemnisé. Les Antilles peuvent-elles produire à ce prix? La livre de sucre brut, à Java, peut être produite pour deux sols de France, en donnant un bon bénéfice au fabricant. Outre ces considérations, qui doivent amener infailliblement la cessation de l'esclavage, il en est encore de péremptoires dans les évènemens qui ont eu lieu déjà, et qui, rendant les résultats inévitables, imposent aux Gouvernemens le devoir de préparer, par de sages réglemens, l'émancipation graduelle pour prévenir les malheurs qu'une émancipation spontanée et amenée par des révoltes ou autres catastrophes, occasionnerait nécessairement.

Après ce qui s'est passé à Saint-Domingue, après tout ce qui a été dit et écrit en Europe, dans tous les pays sur ce sujet, peut-on penser que toute une race d'hommes continuera à porter paisiblement le joug de l'esclavage? Peut-on penser que, tandis qu'il y aura au milieu des Antilles un état composé de nègres dont un nègre sera souverain, où des nègres seront ministres, généraux, planteurs, négocians, etc.; dans les autres îles, ils se résigneront patiemment à faire le travail et à être considérés comme des bêtes de somme?

Peut-on penser qu'il soit possible de réduire Saint-Domingue, d'y rétablir les colons dans leurs propriétés et d'y remettre les nègres émancipés à la charrue? Peut-être une expédition bien conduite, réussirait à battre, à vaincre les nègres; mais alors on n'aura encore rien fait; car quel mal pourrait-on leur faire, quand ils seraient retirés dans les mornes et les bois? Or, ils ne manqueraient pas de prendre ce parti. Comment assurerait-on le repos et la tranquillité des colons rentrés sur leurs propriétés? Enfin si l'on était parvenu à rétablir ces colons sur leurs héritages dévastés, d'où proviendraient les moyens pour rebâtir les maisons, les usines? où trouver les bras pour la culture, depuis l'abolition de la traite, et lorsque la réduction des nègres émancipés est estimée impossible? Ce n'aurait donc été qu'une expédition également coûteuse en hommes et en argent, et inutile ou même funeste en dernier résultat; car, comme on ne réussirait pas, le mal en serait devenu plus grand et le remède encore plus difficile.

Nous croyons donc pouvoir conclure que si la réduction et le rétablissement de Saint-Domingue sont devenus des évènemens sinon impossibles, au moins très-peu probables; il ne l'est guère moins qu'alors l'état de l'esclavage ne pourra être maintenu dans les autres *colonies à esclaves*, de toutes les nations, et que, tant pour cette raison que par suite de l'abolition de la traite, il faudra se résoudre également, plus tôt ou plus tard, de gré ou de force, à l'abolition de l'esclavage.

Enfin, dans ces colonies, la culture n'étant praticable que par les bras des esclaves nègres, la diminution graduelle de ces esclaves doit faire diminuer en même proportion la quantité des productions, et amener la décadence et le dépérissement de ces établissemens. Les suites et conséquences fâcheuses pour la métropole en sont faciles à déduire, à moins que, par d'autres mesures, on ne cherche à y remédier.

CHAPITRE V.

Des rapports de la marine avec les colonies.

Après avoir fixé nos idées sur les deux sujets importans que nous venons de traiter, il nous reste encore, avant de passer à l'objet principal de notre ouvrage, à dire quelques mots sur une matière liée très-intimement au système colonial; savoir : les rapports et les relations qui existent entre les établissemens au-delà des mers, et les marines militaire et marchande de la métropole.

S'il est hors de doute que le commerce ayant été le premier but des efforts de la navigation, la formation des *établissemens de commerce* et des *colonies* a été la conséquence des découvertes et des expéditions maritimes entreprises par les différentes nations européennes; il est de même constant que l'extension et l'entretien de la navigation sont dues principalement à l'existence et à la possession de ces établissemens; que l'on ne peut, d'un autre côté, se représenter sans *marine marchande*, pour en faire le commerce et en assurer la communication, et sans *marine militaire*, pour en protéger le commerce et assurer la défense.

Cette liaison intime des deux objets a porté quelques gouvernemens d'Europe à réunir leurs directions et leurs administrations sous un même ministère, généralement nommé *de la marine et des colonies*. Cependant il est très-remarquable que la nation qui a eu les succès les plus brillans et les plus constans dans ces deux parties, c'est-à-dire l'Angleterre, est justement celle chez qui les administrations de la marine et des colonies ont toujours été et sont restées distincts et séparées l'une de l'autre.

Peut-être cette question pourra-t-elle paraître indifférente ou oiseuse à quelques-uns de nos lecteurs; nous croyons qu'elle a influé beaucoup sur l'administration, le sort et la prospérité des établissemens de commerce et des colonies, et qu'elle doit influer toujours infiniment sur ces objets intéressans de la prospérité nationale. Nous nous sommes proposés d'examiner et de discuter la nature et les élémens, tant de ce qui existe, que les moyens et les mesures possibles pour les améliorer, les agrandir et en augmenter le bénéfice et les avantages pour la métropole. Nous avons pensé devoir aussi présenter préliminairement à nos lecteurs, les motifs que nous avons pour croire que la réunion de ces deux administrations dans un même ministère, a été souvent et presque toujours nuisible aux intérêts et à la prospérité des établissemens de commerce et des colonies. En conséquence, nous avons résolu d'émettre l'opinion qu'il convient à un grand État que l'administration de ses établissemens de commerce et de ses colonies soit dirigée par un ministère séparé, ou réuni et subordonné, comme le département du commerce au ministère de l'intérieur, plutôt qu'à celui de la marine.

Nous allons développer nos motifs.

Le ministère de la marine est chargé de l'administration et de la direction du *personnel* et du *matériel* de la *marine militaire*. Le personnel de la marine militaire est composé du corps d'officiers, des marins, des canonniers, etc., formant les équipages des vaisseaux de guerre; des ingénieurs, constructeurs, ouvriers et autres employés à la construction; ainsi que des employés aux magasins d'équipement et de ravitaillement, etc., *tous au service, employés à la solde du Gouvernement.*

Le *matériel* est composé des bâtimens de guerre, des chantiers de construction, des objets de munitions, d'armement et d'approvisionnement, *propriétés du Gouvernement.*

L'administration et la direction des établissemens de commerce et des colonies, au contraire, ont pour objet des choses d'une nature bien différente. Les colons, les planteurs, les négocians qui en font le commerce, tous *citoyens libres*, ne sont ni au service ni à la solde du Gouvernement. Les plantations, les productions, les marchandises, les magasins, les bâtimens et vaisseaux de commerce sont des *propriétés particulières.*

Cette différence extrême entre les deux objets à administrer nous semble exiger des principes, une marche, une manière bien différente, qu'il sera toujours fort difficile au même homme, chargé des deux départemens, de saisir et de mettre en pratique.

Le ministre de la marine est ordinairement un officier général de la marine militaire; il *commande, ordonne* à tout le personnel de son département; il *dispose, ordonne* du matériel, comme propriété de l'État.

Il n'en est pas ainsi du personnel et du matériel de l'administration des établissemens de commerce et des colonies, où tout est propriété particulière. Ainsi, tout en admettant l'intimité des liaisons entre ces deux branches d'administration, on voit que leurs natures ne sont pas analogues, et que les connaissances, les habitudes, les moyens, et pour ainsi dire les caractères requis pour leur direction, diffèrent essentiellement.

L'un commande à ses subordonnés, dispose du matériel, propriété du Gouvernement; l'autre est chargé de surveiller la culture, le commerce de propriétés particulières appartenant à des citoyens privés. Aussi voit-on souvent le ministre de la marine considérer le travail du département des colonies comme une surcharge à ses occupations; et, s'il n'en est dégoûté, le regarder du moins comme un objet secondaire. Enfin, il est impossible qu'il n'y ait point des cas où les intérêts d'un des deux départemens, ou de ceux qui en ressortent, se trouvent froissés ou en opposition avec l'autre : alors il est bien difficile pour un seul ministre d'exercer toujours cette impartialité et cette justice si nécessaires à une bonne administration.

Nous pensons à peu près de même, et pour les mêmes raisons, sur un autre usage des Gouvernemens, qui est d'employer des officiers généraux de la marine militaire au gouvernement des établissemens de commerce et des colonies. Avec tout le respect et l'estime dus à cette noble profession et à ce corps respectable, nous doutons que l'on puisse trouver souvent les connaissances, les talens, les habitudes requis pour une bonne administration des établissemens, dont l'agriculture et le commerce sont les bases, en des marins presque toujours, depuis leur jeunesse, embarqués et éloignés de tout ce qui porte à la connaissance, à l'expérience et à la pratique de ces deux objets intéressans de l'activité et de l'industrie des hommes.

CHAPITRE VI.

Examen de la question : Si les établissemens et les colonies restés à la France par la dernière paix, sont suffisans à ses besoins et au rang qu'elle occupe dans le système européen.

Le goût de tous les habitans de l'Europe pour les denrées coloniales est devenu un besoin général et impérieux, auquel rien ne résiste. Il a donné au commerce des deux Indes et à la possession d'établissemens et de colonies, la grande importance qui en a fait presque l'objet principal de la politique, des guerres et de la cupidité des nations européennes, principalement de celles que l'on nomme *puissances maritimes.*

La France est, ou du moins doit être éminemment puissance maritime. Malheur à l'Europe, si la France devait renoncer à ce titre! Elle a ressenti pendant vingt-cinq ans les tristes effets de l'affaiblissement de sa marine. C'est la seule puissance qui puisse contrebalancer un peu la grande suprématie acquise sur mer par les Anglais. Si toutes les autres nations maritimes, ou du moins intéressées à ce que la mer ne soit pas le domaine exclusif d'une seule, se joignent à elle pour soutenir un juste système de liberté de commerce et de navigation, ainsi qu'une juste égalité ou proportion de possessions coloniales, il se formera ainsi entre les puissances une espèce d'équilibre, faisant le complément du système de balance politique qu'on a mis en avant, et qui a dû servir de base aux arrangemens et dispositions pour assurer la paix et la tranquillité de l'Europe. Un auteur célèbre, M. l'abbé de Pradt, a reproché au congrès de Vienne de n'avoir pas examiné et traité cette question, et de n'avoir rien statué à ce sujet.

Le fait est que les trois vastes puissances continentales qui ont exécuté la difficile entreprise de renverser le grand empire français, contentes d'avoir réussi, et ayant profité des moyens de finances que les subsides anglais leur présentaient, ne se sont point embarrassées de ces intérêts lointains qui leur paraissaient ne pas les concerner; et l'Angleterre s'est bien gardée de traiter cette matière, de toucher une corde si sensible.

Quoique nous croyons aussi que, tant par justice que par une bonne et saine politique, on aurait dû assurer à la France, à l'occasion de cette grande pacification générale, une portion plus considérable en possessions coloniales, nous nous abstiendrons de discuter politiquement cette question délicate ; et nous nous bornerons simplement à examiner, sous le point de vue du commerce et de l'économie politique, si les établissemens de commerce et les colonies qui sont restées à la France sont suffisans pour ses besoins, et proportionnés au rang qu'elle tient parmi les puissances maritimes de l'Europe.

D'après les définitions et considérations que nous avons établies, nous pensons pouvoir admettre en principes :

1° Que les établissemens de commerce et les colonies sont utiles et nécessaires à toute nation commerçante et maritime, pour fournir à sa propre consommation de denrées coloniales ;

2° Pour opérer, par le surplus de ces denrées, l'exportation à l'étranger, autant qu'on pourra en débiter dans les pays circonvoisins, en Europe, qui, n'ayant point de colonies, consomme pourtant des productions coloniales, et par là obtenir avec les nations une balance de commerce avantageuse ;

3° Pour trouver dans ces établissemens et colonies un débouché et un débit avantageux des productions de son propre sol et de son industrie, principalement de ses fabriques et manufactures;

4° Pour donner de l'emploi à la navigation marchande et l'entretenir, par le nombre des vaisseaux et marins nécessaires à ce commerce;

5° Enfin, pour occuper et soutenir la marine militaire, qui, de son côté, sert à protéger et défendre ces établissemens et colonies.

Or, en relevant et en calculant tous les moyens et toutes les ressources des colonies restées à la France, on découvrira aisément et avec peu de peine qu'il n'est pas possible, à beaucoup près, qu'elles puissent subvenir aux besoins de la consommation intérieure des denrées coloniales, bien moins encore à une réexportation à l'étranger. La conséquence de ce fait doit être que la France recevra de l'étranger le complément de ses besoins de consommation intérieure, et perdra l'avantage qu'elle avait dans la balance du commerce, par le moyen de sa surabondance de denrées coloniales qu'elle débitait à l'étranger.

Il est également clair que les colonies restées à la France, réduites comme elles le sont, ne pourront non plus consommer autant de productions du sol et de l'industrie de la mère-patrie qu'avant la perte de Saint-Domingue et des autres colonies et établissemens cédés à la paix. Enfin, par les mêmes raisons, la navigation marchande perdra certainement une grande branche de son activité et de son bien-être ; et la marine militaire ne pourra que s'en ressentir aussi à son désavantage : car les colonies étaient comme une espèce de but et de point d'appui pour les flottes et les escadres, tandis que, d'un autre côté, elles en étaient protégées.

Non seulement l'état actuel des établissemens et colonies restées à la France donne ce résultat, mais même on ne saurait se former aucun espoir raisonnable que, pour l'avenir, des améliorations, des agrandissemens ou des changemens dans l'état des choses, pussent amener des résultats plus favorables, et couvrir les déficits que nous venons d'indiquer, ou réparer les pertes essuyées par suite de la révolution et des guerres qui en ont été la suite.

Peut-être y a-t-il encore bien du monde qui, ne pouvant oublier Saint-Domingue et sa prospérité passée, pense qu'il est possible encore de recouvrer et rétablir cette précieuse colonie. Ce serait, certes, un grand avantage ; mais nous croyons avoir démontré assez positivement qu'après tous les évènemens qui ont eu lieu, et sur-tout après l'abolition générale de la traite des nègres, il est tout à fait impossible de se flatter d'un pareil évènement. Le plus heureux résultat d'une expédition bien conduite ne produirait que la conquête du sol, couvert de ruines ensanglantées. D'où viendraient ces capitaux immenses qu'exigeraient les rétablissemens et les réparations à faire? D'où viendraient les bras, sans lesquels le sol ne saurait être exploité? Si les capitaux pouvaient se trouver; quant aux bras, il y a impossibilité morale et physique.

La Martinique, la Guadeloupe et les autres îles Antilles de moindre grandeur, ont atteint leur maximum de prospérité; et on ne peut pas s'attendre à voir augmenter la quantité de leurs productions, sur-tout après qu'une augmentation de bras pour la culture est devenue impossible par l'abolition de la traite. Il n'y a donc que la Guyane française qui pourrait laisser concevoir des espérances de prospérité future et la perspective de combler, par l'augmentation de ses productions, le déficit qu'éprouve en ce genre la mère-patrie. Assurément cette colonie, sous une bonne administration, pourrait voir accroître sa prospérité et les avantages qu'en tire la métropole; mais, comme elle appartient aussi à la classe *des colonies à esclaves*, il n'y existe pas une population indigène propre à la civilisation et à la culture du sol; ou du moins pas assez forte, pour que l'on puisse compter sur elle dans des vues d'agrandissement réel ou d'augmentation sensible de productions. Enfin le climat, là comme aux Antilles, ne permet pas aux Européens d'y travailler, ce qui d'ailleurs, par-tout où existe l'esclavage, est impraticable. Nous devons donc conclure que, quelques améliorations que cette colonie puisse éprouver, elle ne pourra cependant en venir jamais au point de remplacer la perte causée par la ruine de Saint-Domingue, ni de satisfaire aux besoins de la consommation intérieure de la France, en denrées coloniales.

Les possessions des Français sur les côtes occidentales de l'Afrique se sont bornées jusqu'ici à des *établissemens de commerce* de la classe que nous avons nommée *factoreries armées*. Ce sont l'île de Saint-Louis, à l'embouchure de la rivière du Sénégal, et l'île de Gorée, à trente lieues de là, sur la côte méridionale, avec quelques petites factoreries sur la côte et dans l'intérieur, dépendantes de ces établissemens, et successivement formées, puis abandonnées. Ces établissemens avaient pour but principal le commerce des esclaves ou la traite; le commerce de la gomme et de quelques autres articles peu importans. Ils n'étaient donc qu'accessoires.

La traite des nègres cessant par suite de l'abolition, ces établissemens n'auraient plus aucune importance commerciale, si ce n'était que l'on pourrait les regarder comme propres à essayer un système de colonisation, au moyen de la civilisation et la culture des denrées coloniales par des mains libres.

Nous avons sous les yeux un ouvrage très-intéressant, publié en 1814 (1), contenant la description de ces établissemens et des pays circonvoisins. Il a été fait par un médecin qui a séjourné plusieurs années sur ces côtes, et qui, sous le gouvernement de M. le chevalier de Boufflers, au Sénégal, a été employé à plusieurs voyages et missions dans l'intérieur, auprès des petits princes du pays. Ces courses lui ont donné l'occasion d'acquérir beaucoup de notions et de connaissances sur ces pays, et les nations qui l'habitent.

Cet auteur a composé dans le premier volume, page 109, un chapitre exprès, sous ce titre : *Projet d'établissement libre et colonial*

(1) L'*Afrique, ou Histoire, mœurs, usages et coutumes des Africains du Sénégal*, par R. G. V.

à la côte d'Afrique, pour prouver la possibilité et la probabilité du succès d'une pareille entreprise. Nous avons trouvé ce chapitre si bien fait, si concluant pour ce que l'auteur cherche à prouver, si intéressant sur cette matière, et d'ailleurs tellement concis et peu susceptible d'être analysé, que nous avons cru devoir le donner en entier, au chapitre où nous examinerons dans quels pays on pourrait former de nouveaux établissemens coloniaux, sur les principes de la civilisation et de la culture par des mains libres.

L'auteur, nous l'espérons, voudra bien regarder la liberté que nous prenons, comme un hommage rendu à ses talens, à son mérite, sur-tout à ses vues et à ses intentions patriotiques.

Les Anglais ont déjà commencé à former des établissemens sur cette côte, d'après ces principes, dont le résultat a surpassé les espérances qu'on en avait conçues, principalement à Sierra-Leona, sur les bords de la rivière de ce nom.

Les Hollandais viennent aussi de se décider pour ce système ; et le général Daendels est déjà parti comme gouverneur des possessions hollandaises à la côte de Guinée, avec des projets et des instructions pour organiser ces établissemens sur les principes de la civilisation des habitans indigènes, et de la culture des denrées coloniales par des mains libres. Pourquoi les Français n'essaieraient-ils pas la même chose au Sénégal, et sur la presqu'île du cap Vert, comme le propose l'auteur que nous venons de citer? Nous ne doutons nullement de la réussite de ce projet, et de la prospérité qui serait la suite pour ces établissemens, de ce changement dans leur destination et dans leur administration. Néanmoins, quelque avantageux que puissent être ces résultats, nous ne croyons pas que l'accroissement de la population en ces pays puisse être assez considérable et assez prompte, pour que la quantité des denrées coloniales qu'elles pourront livrer à la mère-patrie, supplée à ses besoins et à sa consommation.

Passons maintenant aux établissemens des Français aux Indes orientales.

D'abord l'île de Bourbon, séparée si cuellement de sa sœur, l'île de France, a été placée par nous dans la cathégorie des colonies à esclaves, puisque le travail et la culture y sont faits par eux; quoique peut-être pas aussi généralement ni de la même manière qu'aux Antilles. Le terrain y est limité, non susceptible d'agrandissement, puisque c'est une île; en conséquence sa population se trouve bornée; il n'y a nul espoir à former sur une augmentation de productions assez considérable pour produire aucun effet dans le calcul des quantités nécessaires aux besoins et à la consommation de la France.

Les Français ne possèdent d'ailleurs aux Indes orientales que des *établissemens de commerce;* tous ceux qui sont dans l'Indostan ou au Bengale et sur les côtes de Coromandel et de Malabar, appartiennent à la classe des *factoreries armées :* celle qui est à la Chine fait partie des *factoreries simples.*

Pondichéry même ne peut être considéré que comme une factorerie armée. Les Anglais ne souffriront jamais qu'on lui donne une autre destination; et lors même qu'on posséderait près de cette ville un petit district, dont les revenus suffiraient à couvrir les dépenses de l'établissement, il serait onéreux encore et dangereux, parce que le pavillon des lis y flottant, l'honneur commanderait toujours une résistance inutile, qui coûterait du sang et de l'argent.

Les *factoreries armées* étaient nécessaires lors du premier établissement des Européens en Asie, lorsqu'il fallait défendre les marchandises, la sûreté, la liberté et la vie des employés et des habitans, contre la violence et la perfidie des Gouvernemens et des nations de ce pays. Mais depuis que les Anglais sont maîtres absolus de ces contrées, il n'y a pas plus de raison pour y entretenir ces coûteux établissemens, qu'il n'y en aurait d'en vouloir posséder en Angleterre ou en tout autre pays de l'Europe avec lequel on fait le commerce.

Des agens ou consuls français à Calcutta, Madras, Bombay, Surate, Colombo, Batavia et autres ports principaux aux Indes orientales, seront plus utiles et plus analogues à l'état présent des choses et du commerce, que ces établissemens ruineux qu'on devait entretenir jadis lorsqu'on voulait faire le commerce dans les Indes.

Voyez les Américains, dont les Anglais sont si jaloux, et qu'ils excluéraient si volontiers du commerce des Indes ; sans avoir et sans vouloir posséder aucun établissement en ces pays, en profitant des libertés accordées par les Anglais dans leurs propres intérêts, ils font un commerce très-actif avec tous les ports de l'Inde, et, chose surprenante, après le pavillon britannique, c'est l'américain qu'on voit le plus fréquemment dans ces mers.

Il ne reste donc que la Chine où une factorerie soit nécessaire pour une nation qui veut y faire le commerce. Nous examinerons, dans un autre chapitre, la nature de ce commerce, et la question de savoir s'il est avantageux ou nécessaire pour la France; et en ce cas, quel serait le meilleur moyen à adopter, du commerce libre ou d'une compagnie, de l'existence ou de l'anéantissement d'un privilége exclusif.

Après cet exposé, en considérant le peu de valeur des colonies restées à la France, l'impossibilité où elles sont de produire les quantités de denrées coloniales nécessaires pour sa consommation et ses besoins, la nullité de l'espoir que ces productions pussent augmenter avec le temps, enfin l'inutilité de ses établissemens de commerce aux Indes orientales, par suite de la jouissance acquise par les Anglais dans l'Indostan, nous croyons qu'on ne peut hésiter à conclure que les possessions coloniales qui restent en ce moment à la France, *ne sont suffisantes ni pour ses besoins commerciaux ni pour sa consommation, et qu'elles ne sont pas proportionnées au rang que tient et doit tenir la France parmi les grandes nations de l'Europe, particulièrement celles que l'on nomme maritimes.*

Tous les malheurs et les désastres qui ont accablé la France, et dont elle souffre si cruellement en ce moment, sont cependant de nature à pouvoir être réparés et oubliés avec le temps. Ce superbe pays, habité par un peuple aussi actif et industrieux que brave, possède en soi-même des sources inépuisables de force, de richesses et de bien-être qui, sous le régime paternel d'un sage et bon Gouvernement, ne peuvent manquer de réparer bientôt ses pertes, et de cicatriser les plaies profondes et douloureuses que les évènemens lui ont faites. Mais il n'en est pas ainsi des conséquences qui doivent résulter de la situation où la France se trouve réduite, par rapport à son système colonial, par suite de la perte de ses plus belles possessions, et des changemens qui se sont opérés pendant ce temps de révolution et de guerre, en cette partie intéressante du bien-être national, d'abord par l'émancipation prématurée et inconsidérée des esclaves, puis par l'abolition de la traite des noirs. Ces conséquences sont, par leur nature même, non seulement permanentes et sans espoir de changement, mais aggravantes par l'augmentation annuelle et progressive du mal.

Comme la prospérité d'une nation augmente

toujours dans une proportion étonnante, ce dont l'Angleterre offre un exemple admirable, de même le déclin et l'appauvrissement d'une nation, soit par les vices de son administration, soit par suite d'évènemens malheureux, marche aussi avec rapidité, si on n'y porte des remèdes prompts et efficaces. Ainsi, lorsqu'annuellement on sera forcé d'acheter de l'étranger une grande partie de ses denrées coloniales, et par conséquent d'être son tributaire; lorsque l'on manquera, dans le commerce et l'échange avec les pays circonvoisins, de cette partie considérable de denrées coloniales qui était le surplus de la consommation intérieure, et qui assurait la balance du commerce en faveur de la France; lorsque les fabriques et les manufactures devront continuer à être privées de ce que le commerce leur demandait régulièrement pour la consommation et les besoins des colonies; lorsque la navigation marchande devra rester circonscrite et languissante faute de l'emploi que lui présentait le commerce des colonies; alors, assurément l'Etat perdra sans cesse. L'appauvrissement augmentant d'une manière alarmante, rabaissera la nation française au-dessous du rang qui lui est dû, et qu'elle a toujours si bien mérité et su soutenir parmi les nations qui composent la république ou la famille européenne.

Il ne faut pas dire que le mal n'est pas aussi grand qu'on le représente; que l'équilibre du commerce se rétablit toujours de lui-même; que si l'on perd d'un côté une branche d'industrie ou de commerce, on la regagne de l'autre; enfin que le Gouvernement ne doit pas vouloir se mêler de diriger le commerce; qu'il faut laisser faire et laisser aller les choses comme elles vont.

Nous ne perdrons pas notre temps à vouloir réfuter de pareilles objections : nous citerons seulement, à l'appui de notre opinion, les exemples frappans que nous avons sous les yeux, la prospérité de l'Angleterre, produite par les effets de l'activité et de l'industrie de ses habitans, par la bonne constitution et les sages institutions dont elle jouit, enfin par les soins constans, la vigilance et les mesures énergiques du ministère et du parlement en faveur du commerce; tandis que l'Espagne nous montre jusqu'où peuvent porter les fausses maximes, les vices de l'administration, enfin l'incurie et l'indolence du Gouvernement sur ses plus chers intérêts. C'est alors qu'il étouffe l'industrie et enchaîne l'activité par des lois prohibitives, des règlemens absurdes et une intolérance funeste.

Ces deux exemples en disent plus que les discours les plus éloquens et les raisonnemens les plus solides. On voit ce que des nations peuvent devenir en suivant des routes différentes. Des auteurs célèbres ont examiné et recherché dans les mesures et la conduite des Gouvernemens et des nations, les causes qui ont amené des résultats si opposés. Raynal et M. l'abbé de Pradt ne laissent rien à désirer sur ce sujet, et l'on trouve dans leurs écrits les preuves irréfragables de ce que nous venons d'avancer. On ne peut douter, après cela, que le système colonial ne doive être un des objets de la plus vive sollicitude pour le Gouvernement d'une grande nation maritime.

CHAPITRE VII.

La formation d'un nouvel établissement colonial nécessaire à la France.

Si ce que nous avons cherché à prouver dans le chapitre précédent est vrai et fondé; si l'état actuel des choses, par rapport au système colonial de la France, est, par l'insuffisance des établissemens et des colonies qui lui restent, non seulement fatal pour le moment présent, mais susceptible, par sa nature, d'aggraver et d'accroître le mal, il ne sera pas douteux que l'on ne saurait assez tôt s'appliquer à chercher un remède capable de préserver la France des conséquences funestes qui doivent résulter pour elle de la continuation de cette situation pénible. Il lui faut l'augmentation des denrées coloniales de ses propres possessions, pour sa consommation intérieure et pour la réexportation de ce qu'elle peut débiter à l'étranger. Il lui faut le rétablissement des débouchés par les produits de son sol et de son industrie; il lui faut enfin de l'emploi et de l'activité pour sa navigation marchande.

Il n'y a que deux moyens de parvenir à ces résultats : c'est ou d'augmenter et d'agrandir les établissemens existans, ou d'en former de nouveaux.

Nous croyons avoir démontré assez victorieusement que l'on ne peut raisonnablement se flatter d'augmenter sensiblement la quantité des denrées coloniales produites actuellement par les colonies restées à la France.

Pour produire, il faut le sol ou le terrain, les capitaux, sur-tout pour les colonies à esclaves, et les bras. Or, le terrain des îles ne peut s'agrandir pour l'augmentation des productions. Les capitaux, en ce temps sur-tout, se trouveraient difficilement, et les bras encore moins.

Ainsi, quant aux Antilles françaises, il n'y a aucune possibilité qu'elles augmentent assez sensiblement les productions de leurs denrées pour satisfaire aux besoins de la métropole. Saint-Domingue est irrévocablement perdu, ou pour le moins ne pourrait recommencer à produire qu'après de longs et pénibles efforts, à la réussite desquels, par malheur, nous ne pouvons ajouter aucune foi ; il ne resterait donc, en Amérique, que la Guyane française sur laquelle on pourrait fonder quelques espérances. A l'égard du sol, il y aurait en effet lieu d'espérer, car on pourrait s'étendre dans l'intérieur sur un terrain immense et excellent. Mais les capitaux exigés pour la culture dans les colonies à esclaves, où les trouverait-on? et pour les bras il y a les mêmes difficultés, ou plutôt la même impossibilité qu'à l'égard des Antilles.

Nous sommes loin cependant de vouloir, par cet exposé, nuire à l'opinion favorable que mérite, à tous égards, cette possession intéressante, et à l'espoir bien fondé de l'accroissement et de la prospérité dont elle est susceptible.

Nous avons principalement considéré et jugé les choses d'après le système ordinaire des colonies à esclaves; c'est lui qui nous fait juger une extension et une augmentation de culture aussi difficile, si ce n'est même impossible, à Cayenne qu'aux îles Antilles. Mais quelques difficultés que puissent présenter, soit les essais à faire pour établir la civilisation parmi les indigènes, et les engager ainsi à la culture, soit une colonisation de Français ou même de colons européens d'autres nations, qu'on engagerait et encouragerait par des faveurs et des avances à venir s'y établir, à défricher et à cultiver des terrains nouveaux, nous pensons qu'il est du plus grand intérêt du Gouvernement de prendre cette matière en considération, et de donner tous ses soins à l'organisation de cet établissement; nous sommes même persuadés que si l'on adopte un système libéral pour l'administration des colonies, celles-ci, quelque difficiles et lents que puissent être les premiers essais et les premiers pas, finiront par triompher de tous les obstacles et produire les fruits les plus heureux.

Néanmoins qu'on ne se trompe point sur les résultats; quoique, selon nous, ils soient assurés avec le temps, et doivent répondre aux espérances des colons, ce moyen cependant ne pourra être considéré ni calculé comme prompt, et encore moins comme suffisant pour suppléer au déficit qui existe dans la quantité de denrées coloniales nécessaire à la consommation de la France.

En Afrique, sur la côte occidentale, les possessions françaises du Sénégal et de l'île de Gorée offrent des moyens de succès encore plus probables, en ce que non seulement le terrain et le sol se présentent en étendue et en excellente qualité à nos essais, mais qu'aussi les bras nécessaires pour la culture se trouvent tout naturellement dans la population indigène, lorsque, par la civilisation, on aura pu l'engager au travail, comme nous l'expliquerons plus en détail dans un autre chapitre. Nous nous bornons ici à faire encore une réflexion : tout persuadés que nous sommes que les essais qu'on fera réussiront fort bien, et même donneront des résultats qui dépasseront les calculs, nous insisterons cependant sur l'opinion que nous avons déjà énoncée, que, malgré ces succès, la quantité totale des denrées coloniales de ces établissemens, jointes mêmes à celles de la Guyane française, n'équivaudra jamais à la quantité exigée pour suffire aux besoins de la France.

L'île de Bourbon n'est pas susceptible d'extension, et sa population ne peut être augmentée. En conséquence, la somme de ses productions ne peut non plus augmenter assez sensiblement pour être un objet de quelque importance dans le calcul dont nous nous occupons.

Les *établissemens de commerce*, aux Indes, ne produisent pas des denrées coloniales; ainsi, à cet égard, elles sont nulles.

Si donc l'on ne peut trouver le remède au mal qui affecte la France et qui la menace d'un mal plus grand encore, dans l'agrandissement ni dans les améliorations des possessions coloniales existantes, il faudra bien se décider à le chercher dans la formation de nouveaux établissemens, ou plutôt de colonies qui puissent produire la quantité de denrées coloniales manquant à ses besoins.

Mais comme la proposition d'un projet pour former de nouveaux établissemens, pourra effrayer et faire craindre des spéculations et des plans qui entraîneraient à des dépenses énormes et inutiles, ou à des entreprises et des expéditions susceptibles de troubler la paix ou la bonne intelligence avec d'autres puissances, nous développerons, dans le prochain chapitre, les principes sur lesquels nous proposerions d'entreprendre la formation de nouvelles colonies, ce qui suffira, nous osons l'espérer, pour dissiper toutes les craintes et les alarmes que l'annonce de ce projet aurait pu faire naître.

CHAPITRE VIII.

De l'espèce d'établissement colonial qu'il conviendrait de former.

Nous n'entreprendrons pas de faire ce que l'on pourrait nommer l'*histoire*, et encore moins la critique du *système colonial* suivi par le Gouvernement en France, depuis la découverte du nouveau Monde et la formation d'*établissemens de commerce* et *colonies* par les nations de l'Europe, dans les autres parties du monde.

Les Français ne se sont élancés que fort tard et des derniers dans cette carrière; et le Gouvernement, fortement occupé par les dissentions intérieures et les guerres civiles, n'a eu ni le loisir ni les moyens de tourner son attention vers cet objet; bien moins de lui accorder la protection et l'encouragement dont il a besoin, sur-tout lorsqu'il s'agit de la première formation d'établissemens coloniaux.

Peut-être pourrait-on dire que, quoique le Gouvernement se soit occupé de temps en temps du commerce des Indes et des possessions coloniales, et qu'il ait paru y prendre intérêt; au total, cependant, il n'y a jamais eu en France ce que l'on peut appeler un *système colonial* basé sur des principes fixes et vérifiés par l'expérience.

Colbert, ce grand et sage administrateur, a été lui-même entraîné dans l'erreur, alors générale, qu'on ne pouvait entreprendre le commerce des Indes que par le moyen d'une compagnie exclusive. Alors encore on ne pensait pas à la formation de *colonies* productives, et on ne se doutait pas des résultats qu'elles pouvaient produire. On ne connaissait que les *établissemens de commerce*, on en confiait la formation et l'administration aux compagnies exclusives. Toutes n'eurent pas le même bonheur, les mêmes succès que celle de Hollande. Celles des Français furent toujours ruinées successivement. Dupleix, qui le premier devina le parti qu'on pouvait tirer de la supériorité de la tactique européenne aux Indes, et créa le système de *possessions territoriales*, dont il voulut faire le riche présent à la France; Dupleix fut mal compris, abandonné et payé d'ingratitude par le Gouvernement.

Enfin, les fautes commises par rapport au système colonial, influèrent sur le sort des évènemens maritimes, qui donnèrent aux Anglais une grande supériorité sur mer; elle décida la fortune en leur faveur pour l'acquisition de ces immenses possessions territoriales, dont les ressources et les richesses lui ont fourni les moyens de soudoyer toute l'Europe, pour vaincre son unique rival, et s'assurer par-là le rang de première puissance de l'univers, en vérifiant le fameux vers de Lemierre :

« Le trident de Neptune est le sceptre du monde. »

Non seulement on crut ne pouvoir entreprendre le commerce des Indes qu'au moyen d'une compagnie exclusive; mais lorsque le brigandage des flibustiers eut cessé pour donner naissance aux premières cultures à Saint-Domingue et autres îles, on pensa ne pouvoir mieux faire que de créer des compagnies tout exprès pour servir comme de mères nourrices à ces établissemens naissans. Des marâtres pensèrent les étouffer; heureusement ils périrent au milieu de leurs efforts. Enfin, depuis 1722, époque où l'on fut délivré de ces entraves, l'expérience a fait voir ce que des colonies bien administrées peuvent produire pour leur mère-patrie.

D'après cela, l'on n'aurait qu'à suivre les erremens qui ont donné de si beaux résultats, et observer pour la formation de nouvelles colonies les règlemens et les institutions qui ont porté Saint-Dominge à un si haut point de splendeur; toutefois en faisant abstraction de toute idée de moralité et de religion, par rapport à l'esclavage et la traite des nègres, et ne considérant la chose que sous le point de vue commercial et de l'économie politique. Mais cela n'est positivement plus possible, par le seul fait de l'abolition de la traite, et indépendamment encore des conséquences que cette abolition doit avoir pour l'esclavage même qui subsiste encore, ainsi que des évènemens qui ont eu lieu à Saint-Domingue, par suite de la révolution et de l'émancipation prématurée des esclaves. Nous croyons l'avoir démontré dans le chapitre où nous avons traité cette matière.

Or, comme nous l'avons expliqué, lorsque nous avons donné la définition des appellations, en indiquant les différences qui existent entre les diverses espèces d'établissemens et de colonies, la nature et l'essence de celles que nous avons nommées *colonies à esclaves*, sont distinctes des autres, par le fait seul de l'existence de l'esclavage, et en considérant l'esclave comme bête de somme employée au travail, sans aucun intérêt dans le produit, aussitôt que l'esclave ne se trouve plus et ne peut plus être fourni, dans l'ensemble qui constitue ce système, ou cet état de choses, il ne peut plus continuer à exister, bien moins encore pourrait-on former sur ces fondemens des établissemens nouveaux.

Il faudra donc, pour la formation de nouvelles colonies, adopter d'autres principes et chercher d'autres moyens.

Le but est de faire cultiver et produire pour la France une quantité additionnelle de denrées coloniales, qui suffise à ses besoins et à sa consommation.

Les moyens élémentaires dont on a besoin pour parvenir à ce but, sont :

1° Le terrain ou le sol qui doit être assez étendu, grand et fertile pour pouvoir y produire les quantités exigées, et situé dans un climat tropical, afin que les denrées dites *coloniales* ou *tropicales* puissent y venir ;

2° Une population ou des bras en nombre suffisant pour exploiter ce terrain. Elle doit être d'une nature et d'une constitution physique à pouvoir supporter les travaux d'un climat chaud, comme celui où seulement peuvent venir ces productions.

Le terrain doit être cherché dans des pays situés entre les tropiques; mais comme le terrain n'est rien sans la population, ou les bras pour l'exploiter, nous examinerons d'abord quelle est l'espèce de population ou de bras que l'on pourra se procurer et qu'il conviendra d'employer pour la formation d'un nouvel établissement, depuis qu'on ne peut plus penser à y posséder des esclaves.

Il y a trois modes ou moyens possibles, lesquels toutefois dans leur exécution et leurs conséquences, feraient que le nouvel établissement prendrait une forme ou nature distincte qui le classerait sous une des différentes espèces d'établissemens dont nous avons défini les noms.

Le premier serait de chercher unterrain ou pays qui ne fût point peuplé, et où l'on porterait des colons d'Europe, soit Français volontaires ou déportés, soit d'autres Européens qu'on engagerait à cet effet : cela formerait ce que nous avons nommé *colonie pure*.

Le second consisterait à faire la conquête d'un pays habité par un peuple civilisé, formé en corps de nation, que l'on subjuguerait et déterminerait, par force ou par persuasion, à la culture des denrées coloniales, en le laissant vivre d'après ses propres mœurs, ses usages et sa religion, se contentant du gouvernement et de l'administration suprême, pour en tirer les revenus et faire produire les denrées coloniales; cela serait une *possession territoriale*, comme les Anglais possèdent l'Indostan, et les Hollandais l'île de Java et les Moluques.

Le troisième moyen serait enfin de chercher un pays ou terrain tropical, où on trouverait déjà une population assez considérable, laquelle, sans être entièrement civilisée ni formée en corps de nation, ne serait cependant pas sauvage ou dans l'état de nature, mais connaîtrait un peu la culture, et par conséquent le travail; ces hommes réunis en peuplades sous des chefs, se trouveraient déjà dans l'état de société: c'est là que, s'entendant à l'amiable avec les indigènes, on formerait des établissemens, en acquérant d'eux ou en occupant des terrains neutres et inhabités. On y transporterait des colons, auxquels on fournirait des encouragemens et des subsistances, jusqu'à ce qu'ils pussent se nourrir eux-mêmes des fruits de leurs travaux. On chercherait à gagner les indigènes par des moyens persuasifs à la civilisation et à la religion, pour les amalgamer et incorporer insensiblement avec les colons, et en faire un seul et même peuple: le tout deviendrait une *colonie mixte*.

Le premier de ces moyens présente des difficultés, des inconvéniens très-graves et presque insurmontables. D'abord, nous avons déjà vu comment la constitution physique et la santé des Européens les rend peu propres au travail qu'exige la culture dans les pays chauds ; et qu'ainsi une colonisation de cette espèce courrait grand risque de ne pas réussir. Ensuite le transport d'une population nombreuse, comme elle devrait l'être pour produire des quantités un peu considérables de denrées, serait extrêmement coûteux et fatigant. Les dépenses énormes qu'exigeraient les avances et les frais de subsistances et du premier établissement qu'on serait obligé de fournir aux colons, dépasseraient les profits que l'on pourrait en attendre, et sur-tout ne conviendraient pas au Gouvernement dans les circonstances actuelles.

Le second moyen présenterait, en cas de réussite, des résultats plus brillans; mais d'abord il est basé en principe sur une injustice et une immoralité très-grandes. Il est bien vrai que les *possessions territoriales* des Anglais et des Hollandais ont été acquises par la guerre et les conquêtes; mais ces guerres avaient été occasionnées par des disputes avec les princes du pays, et les conquêtes ont été des conséquences fortuites de la guerre : aussi l'acquisition des possessions territoriales ne fut-elle pas le but des hostilités, comme il arriverait dans le cas présent. Ensuite il faudrait, pour réussir en une pareille entreprise, des armemens très-considérables, qui exigeraient des dépenses d'hommes et d'argent. Elles excéderaient les moyens et les convenances du Gouvernement, pour une expédition lointaine et d'un succès incertain : car, quoique la supériorité de la tactique européenne, et sur-tout de la bravoure française, dût assurer la victoire à nos drapeaux, cependant des évènemens inattendus, des maladies, des contretemps peuvent occasionner des revers; et la victoire n'amène pas toujours la conquête, comme la conquête n'est pas toujours suivie de la soumission des vaincus. Enfin, une pareille entreprise ne manquerait pas d'exciter la jalousie et l'attention des Anglais, qui trouveraient aisément des prétextes pour s'y opposer et la faire manquer.

Ce serait donc dans le troisième moyen indiqué que le Gouvernement, en l'adoptant, pourrait trouver le remède au mal que cause à la France l'insuffisance des colonies qui lui sont restées à la pacification générale.

Ce moyen se recommande par l'extrême simplicité, et sur-tout l'économie avec laquelle on peut et doit entreprendre son premier établissement; par la moralité des moyens de douceur et de conversion qu'on propose pour gagner les indigènes à la religion et à la civilisation ; par l'absence de tout appareil et de toutes mesures qui pourraient justement exciter la jalousie d'autres nations maritimes, et sur-tout des Anglais, ou leur donner de l'ombrage. Il les empêcherait de motiver des oppositions hostiles ou des menées sourdes, pour empêcher la réussite de l'établissement. Enfin, on aurait la perspective raisonnable des résultats avantageux qu'il présente, particulièrement pour un prompt accroissement de productions de toutes les sortes de denrées coloniales.

L'histoire des établissemens et du commerce des Européens dans les autres parties du monde, depuis la découverte de l'Amérique et le passage du cap de Bonne-Espérance, nous fournit les moyens de connaître, d'apprécier et de juger la marche que les différentes nations ont suivie et les principes qu'ils ont successivement adoptés, puis abandonnés, pour la direction et l'administration de ces établissemens. Nous voyons les Gouvernemens presque tous agir sur cet objet en tâtonnant, sans principes sûrs, sans système suivi. Les évènemens imprévus, les résultats des guerres, des révolutions, d'autres causes fortuites, et pour ainsi dire le hasard, ont produit la formation, la conquête, la répartition inégale, la prospérité ou le déclin de ces établissemens.

Une méditation profonde de ces vicissitudes et de leurs résultats, jointe à des connaissances générales sur la nature du commerce et sur son affinité avec la politique des nations européennes, peut seule nous faire découvrir les meilleurs principes d'un bon système colonial, tant à l'égard de la formation de nouveaux établissemens coloniaux, que pour le gouvernement et l'administration future de ces possessions intéressantes.

C'est donc en profitant des leçons du passé, c'est en mettant à profit les leçons que les résultats heureux ou malheureux de la conduite des nations et des Gouvernemens nous donnent, à cet égard, que nous pouvons, lorsqu'il s'agit de créer un établissement nouveau et d'une si haute importance à la prospérité de la nation, examiner, approfondir, et adopter ensuite les principes simples et vrais qui doivent en assurer la réussite.

Si donc, après avoir discuté les différens moyens ou systèmes d'un nouvel établissement, nous avons réussi à prouver que le genre d'établissement que nous avons défini *colonie mixte*, mérite la préférence, nous nous croyons obligés non seulement d'exposer et d'expliquer les principes sur lesquels nous proposons d'établir cette nouvelle création, mais encore de présenter à nos lecteurs les moyens d'exécution et les mesures préliminaires. C'est ce que nous ferons au chapitre suivant.

CHAPITRE IX.

Discussion des principes à suivre dans la formation d'un nouvel établissement colonial.

Nous appelons *système colonial* l'ensemble des principes adoptés et suivis par un Gouvernement, dans la direction et l'administration de ses possessions d'outre-mer et des autres parties du monde, soit *établissemens de commerce*, *possessions territoriales* ou *colonies*. En expliquant les différences qui existent entre ces diverses espèces de possessions, nous avons démontré en même temps comment, en conséquence, elles exigent des principes différens d'administration, et comment le défaut d'attention à cette circonstance a fait commettre des fautes et des erreurs.

Il s'ensuit qu'un bon *système colonial* ne doit pas appliquer les mêmes principes à tous les genres de possessions qui peuvent appartenir à un État, ni vouloir modeler leur organisation et leur administration sur les mêmes formes.

Il est évident aussi que ce sont les circonstances différentes qui déterminent la nature de chaque possession et indiquent la forme d'administration la plus convenable ; mais lorsque, pour la formation d'un nouvel établissement, on a le choix du genre, toutefois en l'adaptant aux circonstances et aux localités, on peut préférer et suivre avec constance et fermeté, tant pour la formation que pour l'organisation et l'administration de cet établissement, un ensemble de principes qui lui conviennent, dans le *système colonial* professé par le Gouvernement : c'est d'après cela que nous expliquerons les principes que nous croyons devoir servir de bases à une bonne organisation et administration d'une *colonie mixte*.

Nous commencerons par supposer comme trouvés les moyens élémentaires, tels que nous les avons décrits, pour former une *colonie mixte;* savoir, le terrain ou le sol, et la population ou les bras, sauf à rechercher dans la suite, lorsque nous en viendrons à l'application de notre projet, l'existence ou la réalité d'un pays qui convienne à l'exécution.

Supposons donc un pays, ou plutôt une île située entre les tropiques d'un terrain assez étendu, pour pouvoir contenir et nourrir une population considérable, proportionnée à son étendue; un sol fertile pour produire, tant les denrées coloniales que les grains et les fruits nécessaires pour la nourriture de ses habitans; des bois pour l'usage et la construction ; des bestiaux pour l'agriculture et la consommation; enfin, des rivières, des ports, des havres pour la navigation et le commerce. Supposons sur cette île une population déjà considérable d'indigènes parvenus presque à un état de civilisation, sans être réunis en corps de nation, composant un État sous le même gouvernement, mais formant de petites peuplades, sans liaisons intimes entr'elles, n'ayant pas absolument les mêmes mœurs, la même religion, les mêmes lois, quoique à peu près la même langue. Ajoutons à cette hypothèse que ces habitans n'auront encore connu les Européens, et particulièrement les Français, que par l'essai de quelques établissemens faits dans leur pays, mais basés sur les principes du commerce exclusif et du monopole, et ayant pour moyen et but l'esclavage et la traite.

C'est donc dans un pays tel que nous venons de le décrire, que nous proposerions de former un nouvel établissement colonial, qui deviendrait une *colonie mixte*.

Les établissemens antécédens et les prises de possessions effectués, d'après les formules et les principes alors en usage, seraient les premiers titres pour motiver, à l'égard des indigènes et des autres nations européennes, la nouvelle tentative d'établissement.

Afin de gagner le cœur et l'affection des indigènes, il sera sur-tout urgent de leur donner, par une déclaration solennelle en leur langue, l'assurance des intentions pacifiques et des vues bienfaisantes avec lesquels on vient s'établir parmi eux, sur-tout en leur annonçant l'abolition de la traite des esclaves, et leur donnant les assurances les plus positives que, non seulement il ne sera plus jamais question du commerce d'esclaves pour l'exportation; mais que, même dans l'intérieur, il n'y aura pas d'esclavage, et qu'aucun homme n'y sera jamais forcé à aucun travail contre son gré, ni même à aucune espèce de culture, bien moins encore de livraison forcée, pour des prix fixes et arbitraires.

Après avoir ainsi rassuré les indigènes, on choisirait l'emplacement convenable à devenir le chef-lieu de la colonie, soit en l'acquérant des habitans du pays, soit en cherchant un district inculte et inhabité dans l'intérieur, à peu près au centre de l'île, et de manière à pouvoir communiquer facilement avec les côtes et les ports de mer, où également on formerait des établissemens sur trois ou quatre points différens.

Au commencement, on se contenterait de bâtir les maisons les plus simples pour les employés du Gouvernement et de l'administration, seulement fortifiées et armées avec peu d'appareil, afin d'être en sûreté contre toute surprise ou attaque imprévue, et les magasins nécessaires aux munitions et approvisionnemens.

Comme c'est par la civilisation que l'on voudra conquérir la population indigène, et que rien ne contribue tant à la civilisation que l'extension des lumières de la religion, l'on s'empressera d'amener des missionnaires, qui, sous la protection du Gouvernement et assurés de leur entretien, se répandront dans le pays parmi les indigènes, et leur prêcheront le christianisme. C'est de cette mesure que dépendra, en grande partie, le succès de l'entreprise; et voilà pourquoi il faut y porter la plus grande attention et les soins les plus suivis.

C'est à la manière dont on s'y prendra et au choix des hommes qu'on emploiera dans ce grand œuvre de la conversion, que le succès sera dû. Les miracles de conversions et de civilisation opérés par les jésuites, au Paraguay (1),

---

(1) *Voyez* don Félix de Azara, ses *Voyages dans l'Amérique méridionale*, depuis 1781 à 1801, t. II, p. 223 à 254. Paris, J. G. Dentu, 1809.

sont une forte recommandation de leur méthode et leur manière de s'y prendre ; on pourrait, en conséquence, en conclure qu'il faudrait suivre et imiter leur exemple ; mais il faudrait peut-être aussi réunir les missionnaires qui se voueraient à cette pieuse entreprise, en une congrégation soumise aux mêmes règles et à des supérieurs résidant aussi sur les lieux. Ils dirigeraient, en concurrence et sous la protection du gouvernement de la colonie, les travaux de la conversion ; mais ce sont sur-tout la douceur, la persuasion et la tolérance qui doivent le plus contribuer au bon succès et à la réussite d'un pareil projet.

Nous avons dit qu'il appartient à l'essence de cette espèce de colonies, d'y transporter des colons volontaires de la mère-patrie pour s'y établir, y cultiver et s'y mêler avec la race des indigènes. Voilà ce qui constitue la différence la plus marquante qui distingue cette espèce de *colonies* de celles *à esclaves*, et aussi des *possessions territoriales*.

Il faut donc que le Gouvernement s'occupe de cette transportation, et en fournisse les moyens ; mais pour cela il faut des préparatifs : car beaucoup de projets de colonisations ont manqué, parce que l'on a négligé ces préparatifs, et transporté les colons à leur destination avant d'avoir ménagé les moyens de les recevoir et de les faire vivre. Il serait bon de commencer par envoyer en avant des commissaires chargés du choix des emplacemens. Ensuite, la première expédition doit porter les choses nécessaires et les ouvriers pour les premières constructions, afin de préparer les logemens et les bâtimens les plus indispensables, et de mettre à l'abri les premiers arrivans. Ceux-ci doivent être les personnes et les employés destinés au gouvernement et à l'administration de la colonie, avec les premiers militaires destinés à sa défense, et au maintien de l'ordre et de la tranquillité publique. Après cela, peu à peu, on pourra s'occuper du transport des colons.

La propriété, cette grande base de toute civilisation du genre humain, devant être un des principaux fondemens du système de colonisation que nous proposons, ce sera aussi en la faisant connaître et chérir aux indigènes, et sur-tout en leur en assurant la jouissance par des lois égales et douces, qu'on les amènera infailliblement à la civilisation. Pour cela, il faut, en acquérant ou occupant le terrain inculte et n'appartenant à personne, le distribuer aux colons européens, en proportion des moyens qu'ils auront pour les défricher; ensuite on laissera et on assurera aux indigènes les terrains et les champs déjà possédés et cultivés par eux, soit individuellement, soit en communauté de peuplades ou de villages; on leur fera, de plus, observer les avantages de la *propriété absolue*, garantie par les lois et assurée par des archives ou registres tenus à cet effet. On les portera bientôt à venir d'eux-mêmes demander que leurs propriétés soient inscrites sur les registres, et mises par là sous la garantie, mais aussi sous l'empire des lois.

Il s'ensuit que les propriétés étant soumises, par suite de cette transaction, au domaine de la législation coloniale, bientôt les individus s'y soumettront d'eux-mêmes; et, par un libre choix, ces changemens, opérés par la douceur et par l'intérêt propre des indigènes, seront encore accélérés et facilités par les communications et les liaisons qu'établiront le commerce, les besoins mutuels et les bons offices que se rendront les colons et les indigènes, sur-tout si on permet et même si l'on encourage les mariages des colons avec les nationaux, après la conversion de ces derniers. C'est ainsi que la religion contribuera à la civilisation, et que la civilisation gagnera les esprits à la religion.

Comme le but principal de ce nouvel établissement est la production de denrées coloniales, on devra dès le commencement diriger et encourager tous les travaux agricoles des indigènes et des colons vers ce but, sans négliger cependant les cultures nécessaires pour la subsistance des habitans.

Parmi les denrées coloniales, il en est qui ne produisent qu'après plusieurs années, et dont la culture exige par conséquent des avances pour pouvoir subsister pendant ce temps ; telles sont, par exemple, le café et le poivre, qui ne produisent qu'après trois ou quatre ans, et demandent des plantations en grand, pour lesquelles il faut de la dépense et de l'argent. Des colons aisés, et disposant de quelques capitaux, peuvent seuls entreprendre de pareilles plantations. Le Gouvernement devra leur concéder les terrains propres à ces cultures, ainsi qu'à des indigènes, chefs de peuplades ou autres qui posséderaient déjà des terrains considérables, et pourraient disposer de bras pour le travail.

Il est d'autres denrées coloniales qui donnent une récolte la première année, mais qui exigent une fabrication et une préparation, des usines, des bras et des dépenses qui ne sont pas à la disposition de chacun : ce sont l'indigo et le sucre. Il faudra donc accorder des encouragemens à ceux qui seront dans le cas d'entreprendre les fabrications et la culture de ces objets ; et sur-tout aussi propager parmi les indigènes, par des instructions à leur portée, la connaissance des procédés de fabrication de ces deux articles.

Il est enfin des denrées coloniales qui, sans demander aucune préparation , rendent des fruits dès la première année de leur culture ; tel est en particulier le coton, cette production si précieuse, comme matière première aux manufactures de la France. Cette production viendrait infailliblement en excellente qualité et en quantité suffisante dans une possession telle que nous venons de la décrire, et pourrait en devenir, au moins dans les commencemens, la principale culture ; attendu qu'elle peut être cultivée sur les plus petits terrains par les cultivateurs les moins fortunés, et qu'elle n'a besoin que d'une préparation fort simple pour être rendue propre à entrer dans le commerce. L'emballage pour l'embarcation qui se fait au moyen des presses, mues par des vis, exige seul des instrumens peu dispendieux et des bras qui les fassent mouvoir. Mais lorsque la culture présentera des chargemens pour des vaisseaux, les moyens se trouveront aussi de subvenir à cette dépense, qui donne de grands résultats relativement à l'économie du fret, puisque les presses réduisent le volume du coton à moins qu'au tiers de son volume ordinaire.

Il y a, certes, encore beaucoup d'autres articles de denrées coloniales, dont la culture et le commerce contribueront à la prospérité et au bien-être de la nouvelle colonie; mais nous n'avons voulu prendre notice des principaux objets, que pour expliquer comment le Gouvernement, sans se mêler soi-même d'aucun commerce ou culture à son compte, comme l'ont fait ordinairement les compagnies exclusives, doit cependant, sur-tout dans le commencement, surveiller, diriger et encourager les travaux agricoles de la colonie.

La plus grande difficulté que présente tout projet de nouvel établissement, est celle de la dépense inévitable qu'il occasionnerait au Gouvernement. Nous en convenons, et avec quelque économie que l'on puisse calculer une pareille entreprise, elle exigera toujours des frais assez considérables pour les premiers établissemens, le transport des colons et la première subsistance à leur accorder. Ces dépenses ne conviennent pas trop au Gouvernement, sur-tout dans les circonstances actuelles. Il est cependant certain que, de tous les plans que l'on pourrait former au sujet de la création d'un nouvel établissement, dont nous croyons avoir démontré la nécessité absolue, pour procurer à la France la quantité de denrées coloniales dont elle a un besoin impérieux, et un débouché plus grand pour ses fabriques et manufactures, etc., aucun ne pourra soutenir la comparaison avec celui-ci, par la modicité de la dépense qu'il exigera.

Effectivement, dans une *colonie pure*, les dépenses devraient être au moins les mêmes, sinon plus fortes, parce qu'il faudrait accorder le transport à plus de monde. Or, comme nécessairement il y aurait ainsi dans la troupe un plus grand nombre d'indigens, les secours à leur accorder et la première subsistance deviendraient aussi des objets d'une plus grande importance; tandis que la réussite serait toujours plus problématique, par l'inaptitude des Européens aux travaux sous les tropiques : elle aurait tout au moins lieu beaucoup plus tard. L'établissement d'*une colonie à esclaves*, quoique brillante dans ses résultats, causerait une plus forte dépense ; mais comme, par le fait de l'abolition de la traite, son existence est devenue impossible, il est inutile d'en rien dire de plus.

Les *établissemens de commerce* ne produisent pas de denrées coloniales, et par conséquent n'appartiennent pas à la matière que nous traitons; toutefois on peut dire que par comparaison aux dépenses nécessaires pour les former, elles n'en occasionneraient pas moins.

Enfin l'acquisition des *possessions territoriales* coûterait infiniment plus encore, si des considérations bien plus majeures ne défendaient absolument d'y songer.

Si donc, traçant en principe les traits spéciaux qui caractérisent l'espèce d'établissemens que nous avons nommés *colonies mixtes*, et les comparant avec les autres espèces d'établissemens coloniaux, nous avons réussi à prouver que, pour les besoins de la France et dans les circonstances actuelles, ils sont ce qui convient le mieux à son gouvernement, et sous le point de vue de la modicité des dépenses, et d'après l'espoir bien fondé d'avantages considérables et prompts; il s'agira maintenant de procéder à l'examen de la contrée où l'on pourrait trouver des moyens élémentaires, savoir : le terrain ou le sol, et la population ou les bras nécessaires qui conviendraient à la formation d'un pareil établissement : c'est ce que nous ferons dans le prochain chapitre.

CHAPITRE X.

Recherches ou examen des pays qui pourraient convenir à la formation d'un nouvel établissement colonial.

Nous sommes arrivés à la partie la plus difficile de notre ouvrage, celle où il s'agit d'indiquer les moyens de mettre en pratique ce que nous avons traité juqu'à présent en théorie. Il faut trouver le pays qui convient à la description que nous avons donnée des moyens élémentaires de former un nouvel établissement colonial de l'espèce des *colonies mixtes*.

Nécessairement c'est entre les tropiques que nous devons borner nos recherches, à cause du climat que requièrent les cultures des denrées coloniales.

Les Antilles sont toutes occupées; Saint-Domingue, en supposant sa réoccupation, ne présenterait que le sol couvert de sang; et d'ailleurs, nous croyons l'avoir prouvé, l'abolition de la traite rend dorénavant impossible tout nouvel établissement de colonies à esclaves. Nous avons parlé de la Guyane française, et montré que si cette colonie est susceptible d'accroissement et d'amélioration, elle ne peut cependant jamais, pour les raisons que nous avons énoncées, parvenir à répondre au dessein proposé de la formation d'une nouvelle colonie.

Tout le reste du terrain de l'Amérique est occupé entre les tropiques; de plus, il ne conviendrait pas à cause du défaut de population, ou du moins d'une population propre à l'effet désiré.

Si nous passons en Afrique, nous trouvons sur ses côtes occidentales des situations qui pourraient convenir, à beaucoup d'égards, et nous avons déjà signalé les possessions françaises au Sénégal et à Gorée, comme des points où l'on pourrait essayer un établissement libre et colonial sur les principes que nous avons développés.

Nous donnerons ici en entier, comme nous l'avons promis dans un chapitre précédent, le chapitre de l'ouvrage sur sur l'Afrique, où Mr R. G. V. traite cette matière.

« *Projet d'établissement libre et colonial à la côte d'Afrique.*

« Ce n'est point ici le lieu de discuter si la suppression projetée de la traite des nègres est le résultat des idées libérales adoptées par la plus grande partie des nations civilisées de l'Europe, ou si elle n'est que celui de la politique d'une nation extrêmement intéressée à cette suppression. Quelque soit le motif du projet, toute personne qui aura résidé en Amérique sera facilement convaincue qu'après la suppression de la traite, les colonies ne peuvent rester que dans un état languissant; il est donc nécessaire de s'occuper promptement de remplacer ces établissemens de grandes cultures, par des moyens qui soient d'accord avec les idées émises aujourd'hui, et la France, qui fait une consommation immense de denrées coloniales, y est particulièrement intéressée.

« Offrir, comme l'un des points les plus favorables pour l'établissement d'une colonie libre, un lieu où la plupart des plantes commerciales sont indigènes, où l'on peut rassembler en peu de temps les élèmens épars d'une population immense, porter dans une partie du monde non civilisée jusqu'ici, et par suite de temps, peut-être même jusque dans le cœur de l'Afrique, les lumières, la civilisation et l'agriculture; faire naître, pour le bonheur des peuples et pour la prospérité du commerce de la France, les jouissances et les besoins qui entraînent avec eux la connaissance des arts, ne serait-ce pas une de ces idées dont l'exécution est réservée aux dix-neuvième siècle, et l'entreprise à une dynastie qui ne cherche à se faire remarquer que par ses bienfaits.

« A la suite d'un premier voyage au Sénégal, en 1785 et 1786, avec M. le chevalier de Boufflers, alors gouverneur de cette partie, je fus chargé par le Gouvernement, en 1787, de visiter l'intérieur de l'Afrique entre les rivières du Sénégal et de Gambie. Le but de ce voyage était de connaître les ressources de ce pays, d'en examiner les produits, de conclure divers traités avec les princes d'alentour, et sur-tout de terminer avec le damel ou prince de Cayor, un traité déjà entamé pour la cession de la presqu'île du cap Vert au Gouvernement français.

« La cession de la presqu'île fut faite par le damel; l'écrit authentique qui en est la preuve fut revêtu de toutes les formes usitées dans le pays, et cette pièce déposée au greffe du Sénégal. M. le chevalier de Boufflers réfléchissait dès-lors sur l'importance du projet que je propose aujourd'hui. Il me chargea de parcourir la presqu'île, d'examiner ses productions, la nature des terres, la population, et de lui donner sur ces objets les détails convenables : tout se trouva d'accord avec ses vues.

« La presqu'île du cap Vert, située entre le 14ᵉ et le 15ᵉ degrés de latitude nord, a environ douze lieues de longueur sur six de largeur dans sa plus grande étendue. Elle ne tient au continent que par un col rétréci par deux marais, celui de Jof et de Ben, et qui n'a au plus qu'une demi-lieue de large. Elle est à trente lieues de l'île Saint-Louis du Sénégal; celle de Gorée n'en est éloignée que de trois quarts de lieues. Elle est à huit cents lieues de la France; la durée moyenne de la traversée est de vingt à vingt-cinq jours; c'est peut-être l'endroit le plus salubre de la côte; c'est celui où les Français malades viennent, soit du Sénégal, soit des autres comptoirs, respirer un air plus tempéré et plus pur. De toute la presqu'île, Ben est le seul endroit sujet quelquefois à des maladies épidémiques, à cause du voisinage des marais, auxquels il serait fort facile de donner un écoulement, puisqu'ils ne sont éloignés de la mer que de quelques toises; ce travail serait même nécessaire pour la défense de la presqu'île, comme on le verra tout à l'heure.

« La verdure continuelle de cette côte d'où le cap a tiré son nom, la vigueur singulière de toutes ses productions annoncent une terre fertilisée par les débris des végétaux de plusieurs siècles, et par ceux des volcans dont on voit par-tout des traces. Examinez la nature du sol, ce n'est pas ce sable brûlant du Sénégal et de Gambie, qui dévore la plupart des semences que la nature lui confie; c'est une terre végétale d'un rouge foncé, qui, même sous un ciel ardent, sait conserver une fraîcheur salutaire. Je ne saurais mieux la comparer qu'à ces plaines fertiles de la plus belle de nos colonies, autrefois source de prospérité pour la France, objet d'envie pour nos rivaux avant qu'elle fût dévastée par les troubles, les massacres et l'incendie. Une terre aussi féconde n'a pas besoin, comme on doit le croire, d'une culture pénible. En quatre mois, depuis la fin de juin jusqu'au commencement d'octobre, le nègre gratte la superficie de la terre avec une espèce de houe, l'ensemence, voit le mil et le maïs croître et jaunir, le récolte, et, assuré de sa subsistance, passe le reste de l'année dans des occupations qui sont plutôt des plaisirs que des travaux.

« Parmi les plantes les plus utiles qui font la richesse de ces contrées, sont le *coton* et l'*indigo,* tous les deux indigènes. J'ai vu les plantations d'Afrique, j'ai vu celles de Saint-Domingue, je puis assurer que les premières ne le cèdent en rien aux secondes; et s'il fallait juger entr'elles, je crois que celles de l'Afrique ont plus de force et plus de vigueur. Le nègre ne cultive ces deux plantes que pour ses besoins, qui sont assez étendus. C'est avec le coton seul qu'il s'habille, qu'il fait les voiles de ses pirogues, qu'il fabrique ses cordages et ses filets. L'indigo est la couleur générale des toiles de toute la Guinée, des Maures ou Arabes qui l'avoisinent. Si jusqu'ici l'Afrique n'a pas fait de ces deux articles un objet de commerce étranger, c'est qu'elle manque de ces mécaniques ingénieuses qui ne sont connues que des nations civilisées, et qui, en simplifiant le travail, diminuant la main d'œuvre, procurent des jouissances promptes et peu dispendieuses aux peuples qui les possèdent.

« Le nègre, dira-t-on, pourrait au moins livrer ces denrées brutes; mais pour les rendre commerçables, il faut encore divers travaux préparatoires qu'il ne connaît pas; il faut des moulins pour retirer la graine du coton ; la fabrication de l'indigo exige des connaissances que peu de colons même possèdent à un certain degré. Dans la Guinée, ce sont les femmes qui séparent la graine du coton par des moyens extrêmement longs qu'il est inutile de décrire ici.

« L'indigo est simplement pilé, feuilles et branches; l'on en fait des gâteaux qui, après avoir été séchés au soleil, sont employés dans l'occasion pour la teinture. L'on peut juger, d'après cela, que peu de marchands européens se soucient d'acquérir des denrées surchargées d'un poids inutile, et auxquelles il faudrait faire subir en Europe des préparations qui ne sont employées que dans les colonies. Mais pour un Gouvernement qui aurait des vues étendues sur ce pays, ces obstacles seraient bientôt levés; car rien n'est si simple que le mécanisme d'un moulin pour égréner le coton, et l'on trouverait facilement encore quelques indigotiers instructeurs qui réuniraient la pratique à la théorie.

« Des quatre principales plantes coloniales, la presqu'île du cap Vert en possède donc deux qui y sont indigènes; le climat et le seul aspect du sol peuvent donner l'assurance que la canne à sucre y viendrait parfaitement; ce qui ajoute à cette certitude, c'est qu'on en trouve dans les îles du cap Vert, qui ne sont éloignées de la presqu'île que d'environ soixante lieues. J'en ai vu moi-même cultiver, par curiosité, dans le jardin du gouverneur de Gorée; et quoiqu'elles fussent assez négligées et dans un terrain bien peu favorable, leurs pousses étaient belles et vigoureuses. Le défaut d'eau est ce qui s'opposerait le plus à la fabrication du sucre; on la remplacerait, comme on le fait sur nombre des habitations de nos colonies, par des moulins à mulet.

« Le café est un arbuste qui se plaît dans les endroits un peu élevés. Les deux montagnes nommées les *Mamelles du cap Vert,* qui servent de point de ralliement aux vaisseaux qui viennent reconnaître cette côte, conviendraient parfaitement à cette culture. On trouve en cet endroit la fraîcheur nécessaire à cette plante; on y rencontre fréquemment, comme dans les mornes de Saint-Domingue, de ces sources d'eau vive nécessaires pour toute habitation, mais sur-tout pour les cafeyères et les indigoteries. Ces deux montagnes sont entièrement boisées; là, comme dans tout le reste de la presqu'île, la nature a de même répandu ses bienfaits, et l'on y trouve un village assez considérable que l'on nomme *Vocame*.

« On pourrait aussi y introduire la culture du tabac. Les nègres connaissent cette plante et en font grand usage, car ils fument tout le jour. Les peuples de Galam en fabriquent qui a une odeur extrêmement suave; mais ce tabac est rare : Les nègres de la côte préfèrent d'ailleurs celui de Virginie, qui a plus de montant. Les procédés employés pour la préparation de cette feuille sont connus. Il serait possible de s'en servir dans la colonie, d'en fabriquer pour l'intérieur de l'Afrique et même pour l'Europe, si cette culture était regardée comme avantageuse.

« Outre ces différentes plantes que produit la presqu'île ou que l'on pourrait y acclimater facilement, on y trouve en abondance du mil et du maïs, principale nourriture des habitans; différentes espèces de plantes légumineuses d'une saveur agréable, et qui peuvent se garder facilement, des giromons ou citrouilles, des melons d'eau ou pastèques, le tamarin et un grand nombre d'autres fruits acides qui, sans avoir le goût et la bonté de ceux de l'Europe, sont beaucoup plus utiles et plus sains dans ces climats, où l'on ne saurait trop en faire usage. Le cap Vert produit en outre d'excellent vin de palmier, qui a la même vertu que notre vin, et dont l'excès est aussi dangereux pour la raison, mais non pas aussi nuisible à la santé. Les bestiaux et les volailles y sont très-communs. Les forêts lui fournissent du gibier en abondance, et la mer une variété infinie de poissons. Les pêches que j'ai faites souvent dans la rade de Ben tenaient du prodige. En deux coups de seine, espèce de filet fort étendu, mes camarades et moi, nous remplissions la barque et nous rapportions mille à douze cents livres de poisson. Enfin les vivres sont si abondans, la vie animale est à si bon marché à Gorée, que, dans le temps de la traite, l'on calculait que la nourriture d'un nègre esclave revenait par jour à deux sols argent de France, au marchand qui achetait de la seconde main.

« Quant au logement, rien de moins dispendieux que les cases des nègres, rien de si propre lorsqu'elles sont nouvellement construites; leurs toits sont très-artistement tressés en côtes de feuilles de palmiers, et des roseaux serrés avec des lanières de cuir vert, ou non préparé, servent de mur, et sont une défense suffisante contre les ardeurs du soleil et les intempéries du climat.

« La presqu'île du cap Vert contient six villages ; celui de Dacar est le plus considérable ; il est en face et à trois quarts de lieue de Gorée ; il fait un grand commerce de comestibles avec ce comptoir. Les habitans de Dacar sont les plus civilisés de toute la côte ; ils aiment beaucoup les Français, et commencent à prendre les manières et les habitudes des Européens ; plusieurs même, lorsque j'étais en Afrique, avaient déjà construit des maisons en pierre. La population des six villages peut se monter à trois ou quatre mille ames. Censés sujets du Damel, ils sont réellement indépendans, car ils lui refusent le tribut au moindre motif de mécontentement : leur position les a toujours mis à l'abri des vexations de ce despote, qui n'ose s'engager dans un pays dont il serait si facile de lui couper la retraite.

« La salubrité de l'air, la bonté du terrain, l'abondance de toutes les choses nécessaires à la vie, la facilité des constructions, les cultures intéressantes que possède la presqu'île, celles que l'on pourrait lui procurer encore avec tant de certitude de réussir, la population qu'elle renferme déjà, tout semble appeler les regards d'un gouvernement paternel sur cette partie de l'Afrique, comme sur le point de l'univers qui peut remplacer, avec le plus d'avantages et d'accord avec la philantropie, nos établissemens coloniaux, dont le produit, déjà atténué et bientôt languissant, n'était dû qu'aux souffrances et à l'infortune d'un nombre incalculable de victimes.

« A ces motifs déterminans, combien n'en est-il pas d'autres que l'on pourrait joindre encore? La population de la presqu'île pourrait être augmentée d'une grande partie de celle de Gorée, qui s'élève à près de dix-huit cents habitans, tant nègres que mulâtres; elle pourrait l'être aussi d'une partie du Sénégal, qui va à près de six mille, compris les captifs de case : car il n'est pas douteux qu'un grand nombre de ces habitans, dont le commerce faisait autrefois toute l'occupation, commerce que la suppression de la traite va beaucoup diminuer, en voyant s'élever si près d'eux une nouvelle colonie, ne tournent leurs vues sur cet établissement, et n'aillent s'y fixer pour devenir agriculteurs. La protection accordée par un gouvernement qui saurait se faire aimer de ses administrés, respecter de ses voisins, craindre de ses ennemis, attirerait aussi une multitude de nègres des états limitrophes. Ils béniraient la main qui aurait apporté parmi eux le bonheur; ils apprendraient enfin ce que c'est que *sûreté* et *propriété*. La connaissance de jouissances nouvelles, qui bientôt seraient pour eux des besoins, l'espérance d'améliorer leur sort, celle d'un avenir plus heureux, leur donneraient une ardeur constante pour le travail. Déjà pendant quatre mois de l'année ils en donnent nombre de preuves; car rien de plus pénible alors que leurs travaux qu'ils suivent avec gaîté, tant ils sentent le besoin pressant qui les y force : alors un échange extrêmement avantageux pour la mère-patrie avec la colonie, qui payerait avec usure par ses produits les soins qui lui seraient rendus.

« Ce n'est donc pas parmi des déserts, ce n'est pas sur une terre abandonnée que le gouvernement transporterait ou chercherait à attirer une partie de ses sujets; c'est au milieu d'une population déjà nombreuse, sous un ciel favorable, parmi un peuple à qui il ne manque pour être tout à fait civilisé, que des exemples et une instruction paternelle. Avec de tels moyens, bientôt la culture ferait des progrès rapides, bientôt l'on verrait s'élever de toutes parts de belles et de nombreuses habitations, sur-tout si le gouvernement avait soin d'attirer dans la nouvelle colonie des personnes intelligentes et versées dans la culture du sucre, du café, de l'indigo et du coton, ainsi qu'un certain nombre d'ouvriers pour les arts les plus nécessaires : *alors la colonie sortie de l'enfance, ne se tiendrait plus dans les bornes de la presqu'île; elle s'étendrait sur le continent.* La civilisation, l'agriculture qui en est la suite, pénétreraient dans l'intérieur de l'Afrique; l'on verrait dans cette partie du monde régénérée s'opérer une révolution morale, d'autant plus facile, qu'elle n'aurait pas de préjugés à vaincre.

« Aux environs de Dacar se trouve un endroit qui pourrait offrir une rade suffisamment spacieuse pour les bâtimens marchands, où ils trouveraient un abri assez sûr contre la violence des ouragans de sud-ouest qui se font sentir dans la mauvaise saison; l'on rencontrerait aussi des embarcadères pour le commerce dans plusieurs endroits de la presqu'île, quoique des brisans assez forts lui servent, pour ainsi dire, de ceinture et de défense.

« Gorée serait l'entrepôt et le boulevart de la colonie : on l'a appelée le Gibraltar de l'Afrique. En effet, cette petite île, presque inaccessible de trois côtés, déjà défendue par quelques ouvrages, pourrait être mise à peu de frais dans l'état de défense le plus respectable. On peut consulter ce qui en a déjà été dit précédemment.

« Gorée serait le point de défense contre les

nations européennes. On pourrait, en outre, construire sur la côte deux ou trois petits forts et distribuer quelques batteries qui ne seraient armées qu'en temps de guerre; mais, comme je l'ai déjà dit, la presqu'île trouverait sa principale défense dans les récifs et les brisans qui l'entourent.

« Quant aux moyens de défense contre les attaques des nègres du continent, les plus sûrs et les plus faciles se trouvent dans la disposition même du terrain.

« La presqu'île ne tient au continent que par un col d'une demi-lieue de large, rétréci par deux marais; celui de Ben serait ouvert jusqu'à la mer, rendrait l'air plus salubre, et cette ouverture fermerait le seul passage qui existe de ce côté. Celui d'Yof est une espèce de petit golfe très-profond; l'art n'a rien ajouté ici à la défense naturelle; d'un marais à l'autre, on tirerait un fossé large, garni d'une palissade et de quelques redoutes. Les forêts qui se trouvent sur les lieux fourniraient les bois suffisans pour cette construction.

« Quatre ou cinq cents hommes de troupes réglées suffiraient dans le commencement pour la défense de la colonie; la moitié serait répartie sur les redoutes qui garniraient la palissade du col de la presqu'île et sur celles qu'on construirait sur la côte. L'autre moitié servirait de garnison à Gorée ; cette troupe devrait être composée en grande partie d'artilleurs. Le gouvernement aurait des magasins d'armes suffisans pour armer les habitans, qui seraient organisés en gardes nationales. On les exercerait au maniement des armes, et ils feraient le service en cas de besoin.

« Tous les Européens qui veulent passer à la côte d'Afrique doivent tâcher de s'y rendre dans le courant de novembre, pour être déjà faits au climat lors de la mauvaise saison ou saison des pluies, qui commence à la fin de juin, et dure jusqu'au commencement d'octobre.

« Déjà plusieurs fois l'on a proposé des projets d'établissemens de cette nature au Gouvernement français. On a voulu fixer les yeux sur l'île de Thunch, qui touche presque l'île de Saint-Louis du Sénégal, sur l'île de Bièche, qui en est fort voisine. On a fait valoir la bonté du sol, et sur-tout la facilité de défendre ces établissemens par le moyen de la barre qui se trouve à l'entrée du fleuve. Le terrain de ces deux îles est réellement fertile ; la barre du Sénégal est un des moyens de défense les plus respectables. On peut en défendre l'accès à peu de frais ; il y a lieu de croire qu'une partie de la population du Sénégal se transporterait volontiers sur un terrain si voisin de celui qu'elle habite. Mais la condition première pour tout établissement où l'on voudra transporter une colonie européenne, est la salubrité. Le cap Vert l'emporte de beaucoup, sous ce point de vue, sur les îles qui viennent d'être citées; et si la barre du Sénégal est un moyen de défense sûr et peu dispendieux, l'on doit calculer aussi les dangers qui accompagnent son passage, les pertes journalières qu'on éprouve pour la franchir; pertes qui deviendraient de plus en plus sensibles, au fur et à mesure que le commerce prendrait de l'activité. L'île de Boulam a été proposée par Brue et par Demanet, comme pouvant recevoir une colonie française. Mais alors le plan était d'y introduire l'esclavage; la proximité de cette île du continent eût apporté un obstacle aux vues proposées. En 1792, les Anglais, sous la conduite du lieutenant Beaver, ont exécuté en partie, dans l'île de Boulam, le plan dont nous venons de donner le projet pour la presqu'île du cap Vert; ils achetèrent des princes nègres voisins l'île entière et un territoire assez étendu sur le continent; ils commencèrent à défricher, mais plusieurs obstacles s'opposèrent à la prospérité de la colonie. M. Beaver, dans son rapport en 1794, donna pour cause du mauvais succès de l'entreprise :

« 1° L'envoi d'hommes sans mœurs et sans principes, qui furent mêlés parmi les colons ;

« 2° L'arrivée de l'expédition dans la saison la plus malsaine ;

« 3° L'oubli d'avoir envoyé avec l'expédition, des carcasses et des matériaux principaux pour construire des maisons indispensables contre les pluies et l'ardeur du soleil.

« L'on a vu, dans l'exposé que nous avons donné, combien, dans la presqu'île du cap Vert, il était facile de lever ce dernier obstacle. La prudence exigerait cependant que, pour la commodité des colons, on se munît de tentes, en attendant que les cases puissent être construites.

« Pour en revenir à l'île de Boulam, la guerre ayant été déclarée entre la France et l'Angleterre, le peu de colons qui restaient avec M. Beaver jugea prudent de se réunir à Sierra-Léone : c'est ce qu'ils exécutèrent en 1793.

« Déjà, depuis plusieurs années, une association anglaise qui avait pris le titre de *Compagnie de Sierra-Léone*, avait exécuté le projet d'un établissement libre et colonial sur les bords de la rivière de ce nom. Des fonds considérables, fournis par souscription, avaient fait faire des progrès rapides à l'établissement. Un grand nombre de plantations s'élevaient de toutes parts et commençaient à fleurir, lorsqu'en 1794, une escadre française vint fondre sur la colonie, et la détruisit presque entièrement. Les colons, qui avaient choisi le lieu de leur établissement à peu de distance de l'embouchure du fleuve, se sont retirés, après cette catastrophe, dans un autre plus enfoncé dans les terres. La colonie fut languissante pendant quelques années encore; aujourd'hui elle recommence à fleurir, et présente l'exemple d'une colonie fondée et cultivée par des mains libres, qui a déjà atteint un certain degré de prospérité, quoique dans une situation infiniment moins favorable que celle qui vient d'être offerte, et quoique ayant éprouvé des revers dont la situation actuelle de l'Europe semble devoir la garantir pour long-temps (1). »

On voit, par cet intéressant fragment, que l'auteur, qui a été sur les lieux, et qui paraît avoir bien vu et bien observé, a les mêmes opi-

(1) *Consultez* aussi le Voyage de Durand au Sénégal, en 1785 et 1786, 2 volumes in-8° et atlas in-4°. Paris, J. G. DENTU, 1807.

nions que nous sur la possibilité de l'entreprise et sûr la probabilité de sa bonne réussite; on voit aussi qu'il propose les mêmes moyens et les mêmes mesures que nous pour son exécution; on voit enfin qu'alors ces possessions, d'*établissemens de commerce* ou *factoreries* qu'elles sont maintenant, deviendraient, par suite de ces opérations, des *colonies mixtes*. Mais poursuivons notre revue.

En passant aux côtes orientales de l'Afrique, nous ne trouvons rien qui puisse convenir à nos vues. La colonie du cap de Bonne-Espérance s'étend de la pointe la plus méridionale de cette partie du monde, le long des côtes, jusqu'au pays des Cafres. Ensuite, en remontant cette côte au nord, outre les établissemens peu considérables des Portugais à Mozambique, jusqu'à l'embouchure de la mer Rouge, les pays et les peuples qui habitent ces rivages ne sont guère connus, et offrent peu de vraisemblance que l'on pût y tenter la formation d'une colonie avec quelque apparence de succès.

En Asie, tous les pays ou côtes qui pourraient s'offrir à nos recherches, et qui ne sont pas déjà sous la domination des Anglais, sont habités par des peuples civilisés, formant corps de nations; de sorte qu'il faudrait les attaquer et en faire la conquête. Ceci mènerait à l'acquisition de *possessions territoriales*, dont nous avons démontré les difficultés, les dangers, et même l'impraticabilité dans les circonstances actuelles.

Ainsi, les royaumes de Siam, de Tonquin et de la Cochinchine, qui, en d'autres temps et pour d'autres vues, auraient pu fixer l'attention du Gouvernement, ne doivent plus nous occuper, à moins que ce ne soit pour y établir des liaisons de commerce, avec le temps, si celui de la France se tournait de nouveau vers les Indes orientales, et si elle parvenait à ouvrir dans ces pays des débouchés pour les productions de son industrie nationale.

La Chine et le Japon offrent encore moins de difficultés d'y entreprendre des établissemens comme ceux dont nous parlons. L'île Formose, où les Hollandais ont eu jadis un établissement qui aurait pu devenir colonie mixte, et d'où ils furent chassés par les Chinois, jaloux de ce voisinage, conviendrait peut-être, sous beaucoup de rapports; mais elle est à proximité de la Chine et du Japon, dont les Gouvernemens ombrageux ne verraient pas avec tranquillité cet établissement. Il donnerait en outre des inquiétudes aux nations qui font le commerce à la

Chine, et particulièrement aux Anglais, qui ne manqueraient pas d'en empêcher les succès, ou même de chercher à le détruire ; enfin, cette île est à un très-grand éloignement de la mère-patrie. On doit donc écarter toute pensée de projets sur Formose.

Les Philippines sont occupées par les Espagnols. Quoique les Moluques et les îles de la Sonde, parmi lesquelles Bornéo, Java, Sumatra et Celèbes ou Macassar, brillent au premier rang, ne soient pas toutes positivement occupées par les Hollandais, cependant toute entreprise d'établissement ou de prise de possession que l'on voudrait tenter sur une de ces îles, ne manquerait pas d'exciter des querelles avec ce Gouvernement; et l'Angleterre, sans nul doute, s'empresserait de soutenir ses prétentions.

La nouvelle Hollande, ce vaste continent ou cette île immense, comme on voudra la nommer, peut passer pour une cinquième partie du monde. Elle offrirait peut-être, et pour le terrain et pour le climat, un but à nos recherches ; mais la population y manque, ou du moins y est nulle, par le degré d'abrutissement et de non civilisation où se trouvent encore le peu d'individus ou de familles éparses que l'on trouve clair semés çà et là sur ces côtes inhospitalières.

La nouvelle Zélande est aussi trop éloignée, et sa population, comme celle de la nouvelle Hollande, absolument impropre pour le plan que nous avons proposé.

Les autres îles de la grande mer du Sud ne peuvent non plus, par ces mêmes raisons, entrer en considération à nos yeux.

Après avoir fait, pour ainsi dire, le tour du globe, dans la vue de chercher la contrée qui pourrait nous convenir, il n'y a que l'île de Madagascar qui nous paraisse réunir toutes les qualités exigées, d'après notre manière de voir et les principes que nous avons cherché à développer. On pourrait y entreprendre la formation d'un nouvel établissement, et en faire une *colonie mixte*, qui, sans coûter des dépenses énormes au Gouvernement et sans exiger des capitaux considérables de la part des colons, comme ce serait le cas pour une *colonie pure* ou une *colonie à esclaves*, serait susceptible cependant d'arriver en peu d'années à un degré de prospérité et de bien-être qui dépasserait les espérances les mieux fondées, si la civilisation des indigènes, la culture des terres, une bonne police et une sage administration y étaient introduites, et ménagées de manière à faire des progrès rapides et constans.

CHAPITRE XI.

Description de l'île de Madagascar, de son aptitude à être le siége d'un établissement colonial.

Après avoir passé le cap de Bonne-Espérance, l'île de Madagascar est la première terre qui se présente aux navigateurs dans la mer des Indes. Par-là elle semble, comme les îles de France et de Bourbon, appartenir plutôt à ce que les Européens appellent *les Indes orientales*, qu'à l'Afrique, dont elle est cependant plus proche, n'en étant séparée que par le canal de Mozambique; elle est située au sud de la ligne équinoxiale, sous le tropique du capricorne, entre le douzième et le vingt-cinquième degrés de latitude méridionale; climat le plus propice à la production des denrées coloniales de toutes espèces. Cette île a à peu près trois cent quarante lieues de longueur sur cent à cent vingt dans sa plus grande largeur.

L'air, dans l'intérieur et sur les sommets des montagnes, est très-salubre. Si le long des côtes, et principalement aux embouchures des rivières, il est mal sain et pernicieux aux Européens, cela provient des marécages et eaux stagnantes qu'on y trouve par suite des pluies et des débordemens de rivières, dont les embouchures sont presque toutes encombrées par des bancs qui s'y forment dans les temps de la sécheresse. En facilitant l'écoulement de ces eaux par des coupures, en abattant et en brûlant les bois, les arbustes et les joncs qui croissent le long du rivage de la mer et des rivières, on parviendrait aisément à purger l'air des miasmes corrompus qui en causent l'insalubrité, et à rendre les côtes moins malsaines qu'elles ne le sont maintenant.

Il faut, par cette raison, former les premiers et les principaux établissemens dans l'intérieur, et ne laisser sur les côtes que les gens les plus indispensables, pour le service des changemens et des débarquemens ; encore devrait-on les relever de temps en temps, afin qu'ils puissent respirer un air plus pur dans l'intérieur, et surtout avoir le soin de transporter à l'instant même les malades aux hôpitaux, qui doivent être placés tous dans l'intérieur des terres et aux endroits les plus salubres.

Le sol de Madagascar est des plus riches et des plus féconds ; tout y vient, et principalement tout ce qu'on appelle *denrées tropicales* ou *coloniales*. Il n'y a pas de doute qu'avec un peu de soin, toutes les productions et les fruits de l'Europe y viendraient et y prospéreraient également bien.

Le riz est et devra toujours être la principale culture pour la nourriture des habitans. Les indigènes en font leur aliment habituel; les Européens s'y accoutument facilement, et finissent par le préférer au pain. Effectivement, le riz paraît plus convenable à la santé dans ces climats. Il a en outre sur le pain beaucoup d'avantages, n'exigeant pas autant d'apprêts, et n'ayant besoin, pour être préparé, d'être moulu ni cuit dans des fours. Après l'avoir mondé, on le cuit simplement dans de l'eau avec du sel, et on l'assaisonne, si l'on veut, avec quelque épicerie, pour le manger avec de la viande, du poisson ou des légumes.

Il est cependant bien certain que le froment et le seigle pourraient se cultiver dans l'intérieur, pour ceux des Européens qui continueraient à préférer le pain au riz.

L'on peut donc se tenir assuré que l'île fournit et fournira toujours abondamment ce qui est nécessaire à la nourriture et l'entretien de ses habitans, tant indigènes que colons Européens; et cela, non seulement par les productions végétales et céréales du sol, mais encore par les viandes et le poisson. L'île en effet abonde en bétail de toute espèce, nourri dans des pâturages excellens, et en volailles; de plus, ses côtes et ses rivières fournissent en abondance les meilleurs poissons.

Le surplus de la culture peut donc être entièrement consacré à la production des riches *denrées coloniales*, pour alimenter le commerce, pourvoir aux besoins de la consommation de la France, et même pour des réexportations au-dehors.

Nous l'avons dit, et nous croyons pouvoir le soutenir, le sol de Madagascar est propre à la culture de toutes les denrées coloniales, sans aucune exception; il est donc inutile d'en faire la récapitulation. Cependant, comme dans le développement de nos principes sur le système colonial, et en particulier de ceux qui doivent servir à former un établissement de la nature de celui que nous proposons, nous avons mis en première ligne la production des quatre grands articles de denrées coloniales; savoir: le café, le sucre, l'indigo et le coton, nous croyons devoir répéter et faire voir ici comment la culture et la production en quantités considérables en est assurée, puisque déjà elle est démontrée par l'expérience ; ces quatre denrées, quoiqu'elles ne soient pas encore cultivées avec soin ni en grande quantité, sont toutefois connues et cultivées par les indigènes pour leur propre usage et leur consommation. D'ailleurs la proximité de l'île de Bourbon, où ces productions forment la culture principale de la colonie, en rend la transplantation très-facile et peu coûteuse.

Enfin, quoique ces quatre articles principaux dussent suffire pour déterminer et encourager à l'établissement d'une colonie propre à produire des denrées coloniales dont la France a un besoin si urgent, il n'est pas sans intérêt de faire observer comment, en outre, une foule d'autres articles de moindre importance viendraient grossir la liste des productions et des marchandises que cette île précieuse présenterait, toujours en augmentant d'année en année, au commerce de la métropole.

En même temps, à mesure et en proportion que la production augmenterait, les besoins et les demandes de la colonie en objets du produit du sol et de l'industrie de la mère-patrie augmenteraient de même. Il s'y consommera bientôt des quantités considérables d'objets de fabrication, de manufacture et de luxe, non seulement par les colons qui, par leur goût et leurs habitudes, restent Européens et Français, mais même par les indigènes qui, en se civilisant et s'amalgamant avec les Européens, prendront leurs manières, leurs goûts, leur habillement, et par conséquent se feront des besoins des mêmes objets. En cela encore on pourra remarquer la valeur supérieure d'une pareille colonie sur celles à esclaves, puisque dans celles-ci la consommation, ou du moins celle des objets de luxe est réduite aux seuls maîtres ou propriétaires, les besoins pour les esclaves étant presque nuls.

Les descriptions que nous avons de l'île de Madagascar sont très-imparfaites; ce sont quelques relations de voyageurs, la plupart marins, que le hasard ou des naufrages ont jetés sur ces côtes. Ils les ont fait pénétrer plus ou moins dans l'intérieur, où ils ont été généralement bien accueillis par les indigènes, parmi lesquels ils ont vécu plusieurs années : quelques-uns à la vérité ont été maltraités et même tués; mais ordinairement c'était par leur propre faute. Nous avons aussi des mémoires ou des rapports d'employés que les compagnies auxquelles on avait accordé les établissemens qu'on a tenté d'y former, y avaient envoyés pour les diriger.

Telle est entr'autres la description de Madagascar par M. de Flacourt, qui a été le premier gouverneur ou commandant du fort Dauphin, à peu près en l'année 1642, pour une compagnie qui paraît avoir été formée sous les auspices du surintendant Fouquet, et qui ensuite céda ou vendit ses prétentions au maréchal de la Meilleraye.

Cet ouvrage, écrit dans l'esprit du temps et selon les principes des compagnies exclusives, donne cependant une description bien faite et détaillée de l'état où se trouvait cette île à cette époque, et particulièrement sur le degré de civilisation et de connaissances pratiques des indigènes, sur la culture et quelques arts grossiers où ils étaient déjà parvenus. D'après ces notions, l'auteur émet une opinion bien positive sur la possibilité et la probabilité de gagner ces insulaires à la civilisation et à la religion. Il développe en outre les moyens qu'il faudrait employer pour atteindre ce but salutaire : ce sont ceux que nous proposons.

Mais la conduite tenue par les agens du maréchal de la Meilleraye, ainsi que par ceux qu'envoya la nouvelle compagnie en l'année 1665, fut bien éloignée de ces principes, et si détestable que, dès 1671, cette compagnie fut obligée de remettre ses établissemens de Madagascar au Gouvernement.

Depuis, en 1770 et 1772, on fit de nouvelles tentatives pour y former des établissemens. Ces essais furent confiés à un aventurier, le fameux comte Benjousky, dont le caractère entreprenant, mais fougueux et sans principes comme sans conduite, n'était pas propre à diriger une pareille entreprise; ils réussirent également fort mal.

Ce fut des débris des premiers établissemens à Madagascar, dont les résultats furent si affligeans, que se forma la première population des îles de France et de Bourbon. On y fonda malheureusement la culture sur le système de l'esclavage, et par là ces deux colonies devinrent *colonies à esclaves*, les seules de ce genre aux Indes orientales. Par surcroit de malheur, les compagnies exclusives créées successivement en France, prirent la possession et la direction de ces îles. Elles leur imposèrent le joug odieux du monopole; les colons ne pouvaient acheter les objets dont ils avaient besoin que de la compagnie; ils ne pouvaient vendre leurs productions qu'à la compagnie. Ils furent forcés de les livrer à des prix fixes et honteux; aussi le résultat fut le même que dans les établissemens semblables. Les compagnies se minèrent, et les colonies languirent dans la pauvreté et la misère tant qu'elles restèrent sous cette absurde administration. En l'année 1764, elles furent délivrées de ce régime atroce et passèrent sous la domination directe du Gouvernement. Depuis ce moment la population, et avec elle la culture, s'y sont accrues, et leur prospérité a contrasté avec leur état précédent sous le joug d'une compagnie exclusive. Nous ne parlons ici de ces deux îles qu'à cause des rapports et des liaisons qu'elles ont toujours entretenus avec Madagascar, et de l'influence que ces communications ont eu sur le sort et la situation de ce pays et de ses habitans.

Nous avons dit que les premiers colons qui peuplèrent l'île de Bourbon, et ensuite l'île de France, furent des réfugiés échappés aux malheurs et aux désastres qui ruinèrent et firent abandonner les établissemens français fondés à Madagascar. Ils emmenèrent avec eux les esclaves qu'ils avaient acquis en cette île. C'était le pays le plus proche où ils pouvaient s'en procurer, ainsi que des bestiaux pour leur nourriture. Ils regardèrent donc Madagascar comme un marché de bestiaux et d'esclaves où ils pouvaient se pourvoir de ces deux articles nécessaires à leurs besoins.

Sans déclamer, comme quelques auteurs très-estimés, contre le système horrible de l'esclavage et de la traite des esclaves, sans rappeler les conséquences qui en dérivent pour les pays où on l'a faite ; sans vouloir encore moins, comme d'autres auteurs, en prendre la défense et en faire l'apologie, nous devons à la vérité de dire que certainement ces communications des îles de France et de Bourbon avec Madagascar pour y acheter des esclaves, ont contribué fortement à retarder la civilisation, à diminuer la population et à aliéner l'esprit des habitans contre les Européens et contre leur religion. Il est évident que la traite a causé et fomenté les querelles et les guerres des peuplades les unes contre les autres pour faire des prisonniers, c'est-à-dire des esclaves ; elle a fait naître les dissentions et les haines non seulement des peuplades, mais des familles entr'elles, et donné lieu sans doute à mille actes de barbarie, d'injustice et d'oppression. Le ressentiment et la réflexion n'ont pu qu'exciter la haine et l'inimitié des naturels contre le peuple, qui, avec les communications, leur portait tous ces germes de désordres et de malheurs. Par-tout où la traite des esclaves est introduite, toute tentative pour la civilisation, toute espèce de goût pour la culture sont impossibles; les Madécasses n'ont, pendant tout ce laps de temps, pu faire aucun progrès ni dans la civilisation, ni dans la culture, ni dans la pratique des arts utiles.

Aucun peuple européen ne s'est occupé d'eux et n'a voulu former des liaisons avec eux par des établissemens, si ce n'est quelquefois pour y faire relâche ou pour y réparer des avaries de mer et s'y procurer de l'eau et des provisions fraîches. Les colons seuls des îles de France et de Bourbon ont entretenu des communications directes et suivies avec ces peuples, mais principalement dans le but avoué de la traite des esclaves, commerce qui exclut toute idée de civilisation, et même de relations amicales et fondées sur la bonne foi.

Il faudra donc, avant tout, pour regagner l'estime et la confiance de ces insulaires, leur faire la déclaration solennelle de l'abolition de la traite, et leur donner l'assurance positive que non seulement ce commerce n'aura plus jamais lieu sous la domination française, mais même que, dans les établissemens que l'on projette de former parmi eux sur leur île, jamais l'esclavage ne sera souffert, ni que jamais, et sous aucun prétexte, un Madécasse ne pourra être réduit ou condamné à être esclave.

Nous avons observé avec peine qu'il paraît que les habitans de Bourbon cherchent encore à faire continuer ce commerce, puisque les nouvelles maritimes ont annoncé, il n'y a pas longtemps, qu'un sloop anglais avait capturé un navire de l'île de Bourbon, venant de Madagascar, chargé d'esclaves.

La traite étant abolie maintenant par le consentement de toutes les nations de l'Europe, on ne saurait trop tôt donner les ordres les plus sévères pour faire cesser ce trafic par-tout où il a encore lieu.

Nous avons insisté particulièrement sur cette influence pernicieuse qui, nous croyons l'avoir prouvé, a été la cause majeure du peu de progrès que la civilisation a faites parmi les peuples de Madagascar. Il nous doit être permis d'en tirer la conséquence que cette cause cessant, son effet et ses suites cesseront aussi; et que l'on pourra se flatter avec confiance que, par d'autres moyens et d'après d'autres principes, l'on parviendra à introduire la civilisation, le goût de la culture et du travail, la religion chrétienne et les mœurs européennes parmi les habitans de ce beau pays.

Les Portugais abordèrent dans l'Inde, après avoir doublé le cap de Bonne-Espérance. Sans expérience et sans plans bien fixes, ils formèrent par-tout des établissemens là où ils étaient ou se croyaient les plus forts. Animés par un zèle peu réfléchi, ils voulurent forcer les indigènes à embrasser le christianisme.

Il paraît qu'ils avaient ainsi formé un établissement assez considérable sur la côte occidentale de l'île, dans le détroit de Mozambique. Selon leurs idées, ils enlevèrent plusieurs enfans des principaux chefs des peuplades de l'île, qu'ils menèrent à Goa, où ils furent baptisés et élevés dans les principes de la religion chrétienne. Mais comme la plupart de ces conversions étaient forcées, elles eurent peu d'effet. Ces jeunes gens, retournés dans leur pays, reprirent, avec les mœurs de leurs compatriotes, leurs idées et leurs superstitions. L'établissement portugais, négligé, oublié par la métropole, n'ayant réussi qu'à se faire craindre et haïr des indigènes, fut attaqué et détruit par eux. Les premiers Français qui abordèrent à Madagascar n'en trouvèrent que les ruines, et parmi les habitans, la tradition des évènemens qui avaient eu lieu. Ils furent néanmoins très-bien reçus, et traités avec la plus touchante hospitalité.

Les premières relations firent naître en France

une bonne opinion de l'île et des naturels. Elle détermina le projet d'y former des établissemens. Le Gouvernement, alors occupé des troubles de la fronde, pendant la minorité de Louis XIV, abandonna cette entreprise à une compagnie, qui fut protégée par le surintendant Fouquet. L'emplacement du fort Dauphin, au sud-est de l'île, fut choisi, et on s'y établit. M. de Flacourt en fut le premier gouverneur; c'est lui qui a donné la première description de Madagascar, comme nous l'avons déjà dit.

Il nous importe de réfléchir sur ce qu'avance cet administrateur, touchant l'état de civilisation et de société où se trouvaient, à cette époque, les habitans divers qui formaient la population de l'île.

Quoique le commerce ait dû être le premier et le principal but de la navigation et des découvertes, cependant nous avons vu comment l'état différent où l'on a trouvé les peuples qui habitaient les terres nouvellement découvertes, a donné lieu aux différentes manières de s'établir parmi eux, ou de les soumettre à la domination des colons. De là sont venues les différentes formes d'établissemens que nous avons cherché à classer et à définir par une nomenclature technologique.

Là où on trouvait de l'or, et où on pouvait employer la force, comme en Amérique, on commença par dépouiller les habitans de tout l'or qu'ils possédaient. On dut ensuite fouiller les mines; on y employa les indigènes, qui succombèrent: alors on les remplaça par des nègres d'Afrique. Voilà l'histoire de l'Amérique, jusqu'à l'établissement fortuit des colonies à esclaves, et à productions tropicales ou denrées coloniales, principalement aux Antilles.

En Asie, où l'on trouva les peuples civilisés et les plus forts, on dut se borner au commerce; ce qui donna lieu à la formation *d'établissemens de commerce*, qui devinrent des *factoreries armées*, des places fortes, et enfin conduisit aux guerres, aux conquêtes et à l'acquisition des *possessions territoriales*.

Dans les lieux où il n'y avait point d'or ou d'argent à piller, ou point de commerce à faire avec les naturels du pays, par suite de l'état peu avancé de la civilisation et de l'agriculture, on dédaignait de s'établir ou de former des liaisons.

L'idée que, dans les pays où il y a le sol et les bras, on peut faire venir des productions par le travail qu'encourage la civilisation, ne vint à personne. Elle était, en général, au-dessus de la portée de ces temps et de ceux qui dirigèrent les premières entreprises et découvertes.

Le hasard et les évènemens, plus que la sagesse des hommes ou des gouvernemens, a déterminé l'établissement des colonies à esclaves en Amérique, et principalement aux Antilles. Les succès ont dépassé les espérances, et fournissent la meilleure preuve tant des immenses avantages que les nations maritimes peuvent tirer des colonies, que du principe de production, comme base principale de prospérité.

L'état où les premiers navigateurs trouvèrent Madagascar et sa population aurait pu faire naître ces idées; mais l'ignorance du siècle, les préventions et les préjugés, alors généralement enracinés, ne le permirent pas.

Pendant un siècle, les Portugais furent seuls maîtres dans l'Inde. Parmi l'immensité des objets qui se présentaient à leur activité et à leur cupidité, ils ne trouvèrent ni or ni argent à Madagascar, ni commerce lucratif à faire avec ses habitans. Ils durent donc mépriser ce pays et dédaigner de s'en occuper; néanmoins, ils y formèrent un établissement; mais il est probable que ce fut pour servir seulement de relâche à leurs vaisseaux qui passaient le détroit de Mozambique, en se rendant aux Indes : aussi fut-il, dans la suite, négligé et détruit.

Madagascar ne devrait donc présenter aucun appât aux nations européennes, pour vouloir y former des liaisons ou des établissemens, à moins qu'on ne s'attachât à l'idée de civiliser ses habitans, pour encourager la culture et la production. Cependant, quoique les Français se décidassent à s'y établir, ce ne fut pas sur ces principes libéraux ; mais d'après ceux alors généralement adoptés du commerce exclusif et du monopole d'une compagnie privilégiée. A cela on ajouta la calamité du commerce des esclaves et de l'esclavage.

Madagascar présentait, lors de l'arrivée des premiers Européens sur ses rivages, une particularité bien étrange. C'était que, dans une île qui n'avait alors aucune navigation ou communication par mer avec d'autres peuples, on trouvait plusieurs races bien distinctes et par leur constitution et par leurs couleurs. Cependant elles parlaient à peu près la même langue ; elles étaient également avancées ou retardées en civilisation, et avaient à peu près les mêmes opinions, usages et superstitions, avec des traditions fort vagues et fort imparfaites sur l'origine de la diversité qui existait entr'elles.

Il y avait des blancs, des olivâtres et des noirs. Les blancs avaient la supériorité, sous le rapport de la considération ; quoique les plus faibles en nombre, ils se trouvaient presque par-tout investis de l'autorité, et formaient une espèce de caste noble distinguée des autres. On doit les croire descendans d'Arabes, portés sur ces côtes, en des temps reculés, par la navigation ou par des naufrages. Il faut même, d'après leurs traditions, que ces sortes d'émigrations aient eu lieu à différentes époques successives. Ils sont les seuls parmi lesquels on trouve quelques traces de lettres. Leurs ombiasses, que l'on pourrait plutôt nommer des scribes ou des docteurs, que des prêtres, possèdent et savent lire quelques passages et fragmens de l'Alcoran. Ils s'en servent pour faire des amulettes et des charmes, plutôt que pour servir la religion, dont ils ont peu de connaissance : car, quoiqu'ils pratiquent généralement la circoncision, ils ne possèdent pas assez le dogme ou le culte de l'islamisme, pour que l'on puisse les nommer mahométans.

Les hommes olivâtres ou jaunâtres parmi ces peuples, paraissent être formés en partie par le mélange des blancs avec les noirs, et en partie descendre de race étrangère. Nous sommes portés à croire que les Malais, ou les habitans des îles de la Sonde ou des Moluques, ont dans des temps très-reculés poussé leur navigation jusqu'à cette île. Ce qui nous détermine à cette opinion, c'est que nous avons trouvé dans le vocabulaire de Madagascar, donné par Flacourt, une quantité assez considérable de mots malais désignant les mêmes objets que dans cette langue; comme les Arabes, ils auront sans aucun doute poussé leur navigation jusqu'aux Moluques et aux îles de la Sonde, où ils ont porté et introduit le mahométisme. Les Malais, qui sont encore de hardis navigateurs, peuvent de même être venus jusqu'à Madagascar, ou y avoir été jetés par des tempêtes et des naufrages. Enfin les noirs qu'on y trouve prouvent, par leur configuration et leur couleur, qu'ils sont originaires d'Afrique; ils forment généralement la dernière classe des habitans. Mais sur la côte occidentale et sur l'île *Nossa Ibrahim* ou île d'Abraham, nommée par les Français Sainte-Marie, on trouve une peuplade assez nombreuse et qui se tient séparée des autres. Ces gens prétendent être des descendans d'Abraham, et par conséquent des Juifs. Ils pratiquent la circoncision et quelques rites et observances religieuses qui donnent assez de poids à cette prétention. Cependant leur tradition est si vague et si peu analogue à l'histoire du peuple juif, qu'il faut que, si effectivement ils descendent de la race d'Abraham, leur émigration ait eu lieu dans des temps très-anciens et antérieurs au moins à la captivité de Babylone. En se permettant des hypothèses, l'on pourrait supposer que les navigations de Salomon les auraient amenés sur ces rivages, soit dans des vues de commerce, ou par suite de tempêtes et de naufrages.

D'après la relation de plusieurs voyageurs, il y a encore dans l'intérieur une race d'hommes presque sauvages, qui vivent parmi les bois. Ils fuient la société et toute communication avec les autres peuplades, qui les traitent assez mal, les tuent et les poursuivent dans leurs repaires, lorsqu'ils les aperçoivent. Cette race d'hommes, plus petite en général et comme dégénérée et abâtardie, nous paraît être le reste des aborigènes ou habitans primitifs de l'île, chassés et repoussés dans l'intérieur et dans les bois par les nouveaux venus. Cependant cela n'est et ne peut être qu'une conjecture hazardée; car les traditions sur leur origine sont très-vagues, diverses et chargées de récits évidemment fabuleux.

Les autres habitans, quoique de races différentes, vivent divisés en plusieurs peuplades sur les côtes et dans l'intérieur de l'île. Chaque peuplade a un ou plusieurs chefs, et se régit d'après des usages ou des lois qui lui sont particulières, et qui changent d'après les évènemens et les vicissitudes auxquels un pareil état de choses doit être sujet.

Sans religion positive, sans corps de doctrine ou de culte, ils sont adonnés à des superstitions grossières qu'entretiennent des espèces de soi-disant sorciers ou jongleurs qui ont beaucoup de crédit parmi eux. La classe la plus fatale est celle qui suppose des jours heureux et malheureux, qui fait la terreur de leur existence et produit jusqu'à des crimes, puisqu'ils poussent cette exécrable manie jusqu'à exposer les enfans nés les jours malheureux pour les faire périr.

La culture pour se procurer leur nourriture se fait presque généralement en commun par la peuplade. Elle ensemence et récolte ce qui est nécessaire à la subsistance de tous. Du reste la propriété était connue; ils possédaient individuellement leurs demeures, leurs ustensiles, leurs bestiaux, leurs esclaves; mais cette propriété est encore bien loin de celle qui constitue la base de l'état de civilisation. C'est la propriété de la terre, du sol, qui engage au travail, à la soumission aux lois et à la défense de la patrie.

Ce n'est pas une compagnie exerçant le commerce, et qui pis est le commerce exclusif, qui peut introduire le bienfait de la propriété, et les douces jouissances de la civilisation parmi un peuple nouveau ; sur-tout si l'esclavage y est et y reste en vigueur, et si la traite des hommes fait l'article principal du commerce.

Il est bien remarquable que M. de Flacourt, quoique servant une compagnie exclusive et imbu de ses maximes, alors généralement adoptées, ait cependant si bien entrevu la vérité à travers les nuages qui devaient l'obscurcir à ses yeux. Dans son ouvrage il fait un raisonnement fort étendu et fort détaillé sur le parti qu'il y aurait à tirer de ce pays et de ses habitans, par l'introduction de la civilisation et la conversion à la religion. Il en propose les moyens; ce sont presque les mêmes que ceux que nous avons indiqués: il faudrait les mettre en usage pour réussir. M. de Flacourt développe, avec beaucoup de sagacité et de pénétration, les raisons qu'il donne pour prouver que les habitans seraient très-aptes à recevoir ces bienfaits; il en conclut que ce parti réussirait infailliblement.

Nous renvoyons le lecteur à l'ouvrage de M. de Flacourt.

D'après l'esprit du temps, lors des premiers voyages et établissemens à Madagascar, on avait conçu des espérances et fait des recherches pour y découvrir des mines d'or et d'argent ; il ne paraît pas qu'il y en existe, mais bien des mines de cuivre assez considérables, et des mines de fer que les habitans exploitent et savent forger, quoiqu'imparfaitement, pour leur usage.

Une particularité de cette île, c'est que, quoiqu'elle abonde en animaux de toutes espèces, et sur-tout de celles qui servent à la nourriture et à l'utilité de l'homme, telles que bœufs, moutons, chèvres et porcs, il ne s'y trouve aucuns animaux carnassiers et malfaisans, comme lions, éléphans, tigres, loups, hyènes, etc., ni aussi aucuns animaux de charge ou de monture, comme chevaux, chameaux ou dromadaires. Un Français, qui pendant une marche s'avisa de monter sur le dos d'un bœuf pour se délasser, étonna ces insulaires, et leur parut un phénomène étranger ; de grands crocodiles dans les rivières et le long des côtes sont les seuls animaux à craindre dans ces contrées.

De toutes ces relations vagues et partielles,

recueillies dans des journaux et mémoires de voyageurs, la plupart illettrés et souvent amateurs du merveilleux, il a été bien difficile de se former des notions très-exactes pour la description de cette île. M. de Flacourt lui-même, qui y a résidé plusieurs années, et en a donné la relation la mieux faite et la plus détaillée, n'a cependant connu que la partie la plus méridionale et les côtes de l'est; mais les côtes occidentales, tout le nord et l'intérieur de l'île paraissent lui être restés tout à fait étrangers et inconnus. Aussi n'est-ce pas d'une description technique de géographie ni d'histoire naturelle que nous avons prétendu nous charger. Nous avons seulement voulu présenter à nos lecteurs les résultats des observations de ceux qui avaient été sur les lieux et en avaient donné des relations, tant sur la nature du terrain et du sol, que sur l'état de civilisation où se trouve la population. Nous nous sommes bornés à ce qui était utile et nécessaire pour démontrer l'aptitude de l'île de Madagascar à être le siége d'un nouvel établissement colonial, selon les principes que nous avons cherché à développer.

Il nous paraît que, d'après cela, on ne saurait douter qu'avec le sol fertile et les bras qu'offre la population de Madagascar, on ne parvienne à établir et à voir fleurir en peu de temps dans cette île une nouvelle colonie. Si, par la civilisation, on réussit à porter les naturels à la culture de la terre, et si l'on y transporte des colons d'Europe, pour vivifier l'agriculture, l'industrie et le commerce, cet établissement paiera non seulement avec usure les frais et les premières dépenses qu'on aura dû faire pour sa formation, mais encore il produira à la France les avantages les plus brillans. Il fournira à son commerce une immense quantité de productions coloniales, et fera une consommation également considérable des productions de son sol et de son industrie; enfin, il réunira toutes les prospérités et les richesses qu'une colonie peut procurer à sa métropole, et parviendra ainsi à faire oublier la perte de Saint-Domingue.

Il s'agit seulement de se bien convaincre des principes qui doivent servir de base au système d'administration d'après lequel on doit diriger la formation et le gouvernement du nouvel établissement; ensuite de mettre de la persévérance à ne pas dévier de ces principes, mais à suivre avec confiance et fermeté dans l'exécution le système colonial une fois adopté.

Il serait inutile de vouloir entrer dans des

détails plus circonstanciés sur les mesures à prendre et la marche à suivre pour entreprendre l'établissement de la colonie que nous proposons, ainsi que sur l'organisation et la forme définitive à donner à son gouvernement et à son administration. Tout cela doit dépendre des évènemens, des circonstances, de la situation où le Gouvernement se trouvera, et des moyens dont il pourra disposer.

Pénétrés de l'importance de cet établissement, pour le bien-être et la prospérité de la France, convaincus des dangers et des conséquences fatales que l'état des choses actuel doit entraîner après soi, ainsi que de la réussite certaine, comme remède à ces maux, du système colonial et de la formation d'un nouvel établissement sur les principes mêmes que nous proposons, nous avons cru remplir un devoir de reconnaissance, et donner une preuve de dévoûment à la France et à son gouvernement, en communiquant nos idées et notre opinion sur ce sujet.

Si nos considérations méritent de fixer l'attention du Gouvernement, si elles obtiennent l'approbation et l'aveu du public, et sur-tout du public commerçant qui s'entend à ces matières, et qu'alors on se décide à mettre en exécution le plan proposé, le succès de l'entreprise sera la plus douce récompense que nous puissions souhaiter pour prix de nos travaux et de notre peine à composer cet ouvrage.

CHAPITRE XII.

Examen et réfutation des objections principales, et conclusion de l'ouvrage.

Nous pourrions regarder notre tâche comme terminée dans les chapitres précédens; mais nous savons que tout projet de la nature de celui que nous exposons, rencontre toujours beaucoup de doutes, de contradictions et d'objections, lesquels sont souvent très-fondés, et même inhérens à la nature de l'objet, qui n'est pas susceptible d'une démonstration rigoureuse comme un problême de mathématiques. Nous essayerons donc, en relevant nous-mêmes les objections principales que probablement on y opposera, d'y répondre et de résoudre, autant que la matière le permet, les difficultés et les obstacles que l'on pourrait supposer dans l'exécution.

Nous croyons pouvoir réduire les objections raisonnables et fondées que fera naître notre projet, à cinq principales :

1° Les dépenses que son exécution coûterait au Gouvernement, sur-tout dans le temps actuel de pénurie et d'embarras de finances ;

2° L'opposition et la résistance que les indigènes de Madagascar pourraient apporter à la formation d'un pareil établissement parmi eux ;

3° Les difficultés résultant du caractère, de la conduite et de la turbulence, que l'on supposera aux colons qu'on y transporterait ;

4° Le danger que la colonie, parvenue à un certain degré de maturité et de prospérité par les soins et aux dépens de la métropole, ne veuille s'en détacher et acquérir l'indépendance ;

5° L'opposition et les empêchemens que les Anglais mettraient peut-être à l'entreprise, ou du moins à ses succès, par jalousie politique et commerciale.

Nous avons déjà répondu à la première objection dans le corps de notre ouvrage ; son contenu en est presqu'en entier une réfutation ; car si le mal résultant pour la France de l'insuffisance des colonies qui lui sont restées à la paix, est fondé et véritable ; s'il n'y a de remède à ce mal que dans la formation d'un nouvel établissement colonial, comme nous pensons l'avoir prouvé, la dépense, quelque grande qu'elle soit pour parvenir à ce but, ne doit pas être regrettée, ni empêcher d'entreprendre l'établissement, sur-tout lorsqu'en même temps il est prouvé que de tous les genres d'établissemens que l'on pourrait projeter, celui que nous proposons occasionne le moins de frais et de dépenses, tant au Gouvernement qu'aux particuliers qui y prendront part.

Nous avons aussi déjà répondu à la seconde objection dans le cours de notre ouvrage, principalement en décrivant le caractère et les mœurs des habitans, d'après les relations des voyageurs qui ont séjourné parmi eux. Tous, comme M. de Flacourt, s'accordent à rendre un témoignage avantageux de leur caractère, de leur aptitude à se civiliser et à recevoir le bienfait de la conversion. Cependant, comme les inimitiés subséquentes, et même les massacres des Européens, dont ces insulaires se sont rendus coupables, pourront paraître une forte preuve contre eux, il importe de démontrer que ces évènemens ne doivent pas être attribués au naturel féroce ou barbare de ces peuples. Ils n'eurent lieu que par les mauvais principes et les institutions fautives sur lesquels ces premières entreprises ont été projetées et exécutées. Il faut en accuser la mauvaise conduite, les exactions et les crimes des agens employés à la formation et à la direction de ces établissemens.

Nous avons aussi déjà cherché à démontrer plus haut comment une compagnie exclusive, imposant le joug du monopole aux pays et aux peuples soumis à son régime, ne pouvait pas être propre à introduire la civilisation, ni à encourager la culture, l'industrie et l'amour du travail, sur-tout lorsque l'esclavage et la traite des esclaves étaient encore ajoutés à ce fléau.

Nous pensons que, d'après ces explications, on sera convaincu qu'en entreprenant la formation du nouvel établissement d'après des principes tout différens, et tels que nous les avons développés dans notre ouvrage, par les moyens de la conversion et de la civilisation, on n'aura pas à redouter des catastrophes semblables à celles qui ont fait échouer les entreprises précédentes. On peut au contraire s'attendre avec confiance que les indigènes, gagnés par ces deux moyens, embrasseront le christianisme, et se formeront à la civilisation. Avec la jouissance de la propriété, ils prendront le goût du travail, et se plieront au bon ordre et à l'empire des lois.

Quant à la troisième objection, nous commencerons par convenir qu'elle est la plus difficile et la plus délicate à traiter.

Certes, si l'on pouvait entièrement composer une première colonisation de gens vertueux et de bonne conduite, ce serait le meilleur moyen de la conduire à la prospérité ; mais c'est là un rêve, une véritable *utopie*, qui, dans la pratique, est impossible. On ne peut se le dissimuler, les personnes et les familles qui trouvent dans leur patrimoine ou leur industrie les moyens de subsister et d'élever leurs enfans, préféreront généralement une modique existence dans leur patrie à des espérances de fortune en des climats éloignés. Ainsi le plus grand nombre de ceux qui se décideront à émigrer pour tenter la fortune de la colonisation, se trouveront être des individus et des familles sans biens et sans ressources. Or, il n'est pas présumable que l'on trouve précisément dans cette classe la partie la plus vertueuse de la nation. La déportation même pouvant et devant servir à peupler la nouvelle colonie, ce fait augmenterait encore le poids de l'objection.

Toutefois, comme en avouant ces difficultés nous pensons qu'elles ne sont pas assez graves pour dévoir détourner de l'entreprise ; comme nous croyons qu'on peut y remédier en grande partie, nous essayerons d'indiquer les moyens qui nous paraissent capables d'atteindre ce but.

Tout en supposant que ce ne seront pas généralement les gens aisés ou riches qui se présenteront pour la colonisation, l'on peut cependant admettre que des gens possesseurs d'une fortune modique, connaissant les principes d'après lesquels on veut fonder la nouvelle colonie, tenteront d'augmenter cette fortune, en s'y transplantant, pour y former un établissement.

Par exemple, quelqu'un qui posséderait cent mille francs, ne serait pas avec cela bien riche en France, sur-tout s'il avait beaucoup d'enfans. Qu'il emploie cette somme dans le commerce, en acquisition de terres ou dans les fonds publics, le revenu en sera toujours fort limité, et lui permettra peu de jouissances. Ses enfans, sur-tout s'il en a plusieurs, auront une perspective encore moins brillante. Mais en passant avec ces cent mille francs à la nouvelle colonie, en les employant à y former un solide établissement, il est plus que probable qu'avec de l'activité, de l'industrie et une bonne conduite, il parviendra à doubler, à tripler, peut-être même à décupler son capital et à devenir en peu d'années un propriétaire fort riche, soit qu'il se décide à rester dans la colonie, soit qu'il retourne en France.

Ainsi donc, nous avons la perspective et l'espérance bien fondée que cette entreprise d'un nouvel établissement colonial, engagerait beaucoup de personnes et de familles possédant quelques moyens, à cette transmigration. Le Gouvernement, d'ailleurs, devrait accorder à de pareils colons tous les encouragemens possibles. Il leur donnerait des moyens de transport agréables et faciles; il leur ferait de grands avantages, et leur concéderait des terrains proportionnés à leurs facultés et à leurs capitaux, lors de leur arrivée dans la colonie.

Il faudra bien accorder aux colons sans fortune le libre transport, la concession gratuite du terrain dans la colonie, et même des moyens de subsister dans les premiers temps; mais tout cela peut être graduel et proportionné aux facultés, à l'industrie et à la bonne conduite des individus.

On pourrait exiger des hommes, et sur-tout de ceux qui auraient été militaires, un certain temps de service, soit dans les troupes réglées de la colonie, soit dans les milices ou gardes nationales que l'on formerait à mesure que les indigènes se réuniraient à la colonie et que la population augmenterait.

Alors les terrains concédés seraient proportionnés aux années de service, comme à la conduite, aux mœurs et à l'activité des colons.

Enfin, nous devons parler de la déportation et de ses effets sur la colonie.

Nous l'avons admise comme pouvant et devant avoir lieu pour aider à peupler la colonie. La déportation est, entre les mains d'un Gouvernement paternel et sage, mais aussi ferme et vigoureux, un excellent moyen, sur-tout après des temps de troubles et de dissentions civiles, pour purger le sol de l'Etat de beaucoup d'esprits turbulens et inquiets qui se font difficilement au repos et à la tranquillité. Les employer à la colonisation, c'est favoriser en même temps les intérêts de l'Etat et ceux des individus que la déportation frappe; mais, pour y parvenir, il faut bien entendre la question, adopter et suivre un bon système.

La déportation ne doit pas être une punition, encore moins rester une tache pour celui qui la subit; ce ne doit pas même être une commutation de peine, mais seulement une condition pour la grâce ou l'abolition accordée. Ainsi le déporté, satisfaisant par la transplantation aux conditions exigées de lui, doit être, à son arrivée dans la colonie, un homme nouveau, absolument l'égal de tout autre colon ; il doit jouir des mêmes prérogatives. A ces conditions, on pourra tirer de lui le plus grand parti, tant pour l'Etat que pour la colonie.

D'après cela, on pourra diviser en trois classes les colons européens destinés à peupler la nouvelle colonie ; savoir :

1° Les *colons à moyens*, possédant des capitaux plus ou moins considérables. Il est de l'intérêt du Gouvernement de présenter à ceux-là les plus grands encouragemens pour les engager à la transmigration et à la formation d'établissemens de culture dans la nouvelle colonie. Loin de prétendre que parce qu'ils ont des moyens, ils devraient payer eux-mêmes leur passage, et faire l'acquisition à prix d'argent du terrain dont ils auraient besoin, on fera bien au contraire de leur offrir le passage gratuitement, et de leur donner de même pour rien le terrain, en proportion des moyens qu'ils posséderont pour le cultiver ;

2° Les *colons sans moyens ;* il faudra bien leur accorder le passage ou le transport gratis, avec la nourriture pendant le voyage, et même des subsistances pour les premiers temps de leur arrivée dans la colonie, soit comme traitement, s'ils font un service quelconque, soit comme subside, s'ils peuvent s'occuper immédiatement de la culture : on devra aussi leur concéder le terrain à titre gratuit ;

3° Enfin, *les déportés ;* nous avons dit qu'ils devraient être traités en tout de la même manière que les colons de la seconde classe. Seulement on pourrait statuer à leur égard, que dans le cas où ils se rendraient coupables de mauvaise conduite, de quelque acte d'insubordination ou de rebellion, ils recevraient une punition plus sévère que les autres colons coupables des mêmes délits.

Quant à la quatrième objection, nous répondrons tout simplement qu'en effet, *avec le temps*, un pareil évènement pourra bien avoir lieu ; mais loin d'être une perte ou un malheur à appréhender pour la mère-patrie, cette émancipation inévitable tournera en entier à son avantage.

L'ouvrage de M. l'abbé de Pradt, intitulé : *Les trois âges des colonies,* imprimé en l'année 1801, traite cette question très à fonds. Cet auteur prouve que toute colonie doit tendre finalement vers le but de son émancipation, lorsque, *avec le temps*, elle est parvenue à la force et à la vigueur nécessaires pour pouvoir se gouverner et se défendre elle-même, comme un Etat indépendant. Il soutient qu'alors cette séparation de la métropole, bien loin d'être un mal ou une perte pour la mère-patrie, est entièrement à son avantage, puisque, déchargée des frais que coûtent l'administration et la défense, elle conserve tous les profits et les avantages des liaisons de commerce qui continuent à exister entre la mère-patrie et sa colonie émancipée.

Il présente, en preuve de son assertion, l'exemple des États-Unis d'Amérique, et on ne saurait se refuser à l'évidence de ses raisonnemens. Mais, étendant les conséquences, prétendant que toutes les colonies tendent, par leur nature, à l'émancipation, et doivent toutes, plus tôt ou plus tard, se détacher de leurs métropoles, il propose gravement et sérieusement, à tous les Gouvernemens européens qui possèdent des colonies dans les autres parties du monde, de ne pas attendre le moment où ces colonies elles-mêmes voudront se détacher d'eux; mais de prévenir cet évènement par une mesure ou opération générale d'émancipation de toutes les colonies, en les formant en États indépendans, qu'il se plaît ensuite à désigner et à partager, suivant le plan qu'il en donne. Mais, comme nous l'avons dit au commencement de cet ouvrage, c'est en confondant tous les genres d'établissemens sous le seul nom de *colonies*, que le savant auteur a dû tomber dans des erreurs dont il a peine à se tirer, quand il veut faire l'application de son projet. Certainement, toute colonie, en prenant des forces et en atteignant à l'âge de maturité, doit tendre à l'émancipation ; mais cela se borne aux établissemens qui sont *colonies*, et non aux *établissemens de commerce* ni aux *possessions territoriales*, comme nous les avons définis. De plus, quoique les *colonies* doivent toutes aspirer, plus tôt ou plus tard, à l'indépendance, il y a cependant toujours une grande différence à faire entr'elles à ce sujet.

Nous pensons que les *colonies pures*, comme nous les avons définies, sont celles qui tendent le plus immédiatement, dès qu'elles ont atteint leur maturité, vers le but de l'indépendance, et que c'est à elles que se rapporte parfaitement le système de M. l'abbé de Pradt. Les États-Unis d'Amérique en fournissent la preuve; le Canada, le cap de Bonne-Espérance et les colonies anglaises, au sud de la Nouvelle-Hollande, ne tarderont pas, lorsqu'elles seront mûres pour cela, de suivre le même exemple, comme toutes les colonies pures.

Les *colonies mixtes* se distinguent déjà, à cet égard, des *colonies pures ;* quoiqu'elles tendent aussi définitivement à ce but, elles y marchent avec moins de rapidité. Cela vient de ce que la fusion de la race européenne, avec celle des indigènes, ne s'opère que lentement, et que les créoles, les métis, sont toujours inférieurs, moralement et physiquement, aux Européens primitifs ou de la métropole, qui conservent généralement la possession des places civiles et militaires, et tous les moyens d'autorité et de puissance. De là un abaissement des races mixtes, qui les tient plus long-temps subjuguées, et fait que les tentatives, pour se procurer l'indépendance, ont lieu beaucoup plus tard que dans les *colonies pures*. Ce qui se passe depuis quelque temps aux *colonies espagnoles*, est une preuve en faveur de notre raisonnement.

Le Brésil est émancipé par le prince régent du Portugal lui-même. Par cette démarche, aussi généreuse que hardie, ce prince a changé la colonie en un État indépendant, et a préféré le sceptre d'un bel empire à celui d'un petit royaume.

Les colonies à esclaves, par leur nature, vont encore plus lentement vers le but de l'indépendance. Les maîtres ou propriétaires jouissent seuls du droit de cité; les esclaves, comme nous l'avons remarqué, ne pouvant être considérés, sous ce rapport, que comme bêtes de somme, ce fait diminue sensiblement la force physique de la colonie, qui même doit se tenir en garde contre l'insurrection possible des esclaves : ainsi ces colonies ont besoin plus long-temps de la protection et des forces de la mère-patrie, avant de pouvoir songer à se gouverner, se maintenir et se défendre par elles-mêmes.

Aussi a-t-on vu, lors de l'insurrection des colonies anglaises, les États où il se trouvait des plantations à esclaves, être bien plus tardifs à se déclarer que les autres qui étaient *colonies pures*, et opposer une résistance bien plus molle et plus faible aux forces britanniques.

Enfin, les *établissemens de commerce*, *factoreries armées*, *factoreries simples*, ou *possessions territoriales*, n'ont rien de commun avec cette propension des colonies vers l'indépendance. C'est, nous le répétons, pour avoir négligé de reconnaître des distinctions entre les différentes espèces d'établissemens des nations européennes; c'est pour les avoir tous nommés colonies, que M. l'abbé de Pradt, faisant l'application de son système, s'est trouvé embarrassé. Lorsqu'il a voulu décider du sort des *possessions territoriales* des Anglais dans l'Indostan, et des Hollandais aux Moluques, il a dû finir par reconnaître, d'après les mêmes raisons que nous avons développées dans le cours de notre ouvrage, qu'on ne pouvait en former des États indépendans.

Il n'en aurait pas été ainsi, s'il avait admis des définitions. Nous osons en conclure que c'est une preuve de leur utilité, lorsqu'on veut traiter cette matière.

Ainsi, nous adhérons à l'opinion si bien développée dans l'ouvrage de M. l'abbé de Pradt, que toutes les *colonies* (c'est-à-dire les *colonies pures*, et non les *établissemens de commerce*, encore moins les *possessions territoriales*), ont une tendance naturelle vers l'indépendance. Loin d'être nuisible aux intérêts de la métropole, leur émancipation doit tourner définitivement toute à son avantage, lorsque, au lieu de lutter contre cette conséquence naturelle du développement des forces et des facultés des colonies, elle sait les diriger sagement; de manière que la séparation ne se fasse pas par une rupture subite et violente, mais en relâchant peu à peu ces liens, à mesure que la colonie acquiert des forces et des moyens de se soutenir par elle-même. Alors, passant graduellement par les différens âges, comme M. l'abbé de Pradt l'a si ingénieusement défini, la colonie peut parvenir à la situation qui caractérise un État indépendant, sans rompre ou briser les liens qui l'attachent à la mère-patrie.

C'est en accordant à une colonie peu à peu et en proportion de ce qu'elle avance en âge, en forces et en moyens propres, des priviléges et des droits pour régler par elle-même, et par des assemblées coloniales, ce qui regarde son administration, sa police et ses intérêts intérieurs, que l'on pourra l'amener insensiblement à sa maturité, ou enfin à la séparation, à l'émancipation. Le siége du Gouvernement se trouvera ainsi changé en un trône, sur lequel un Prince du sang régnant ne dédaignerait pas de s'asseoir, sinon à titre de vasselage, du moins à des conditions d'alliance et d'union étroite avec la mère-patrie et son Souverain. Ce pacte, assurant tous les avantages du commerce à la métropole, la dédommagerait amplement de ses pertes apparentes : il cimenterait à jamais les liens du sang et d'origine commune entre les souverains et les sujets des deux États.

Mais nous ne sommes plus de l'opinion de M. l'abbé de Pradt, ni lorsqu'il veut appliquer son système à tous les établissemens européens aux deux Indes, sans distinction de leurs différentes natures, ni lorsqu'il propose sérieusement à tous les Gouvernemens d'émanciper spontanément et simultanément toutes leurs colonies, sans égard aux différens âges où, d'après son propre système, elles sont parvenues; et par conséquent, sans égard pour les différens degrés de force, de prospérité et de moyens propres pour se soutenir et se défendre, où cette opération les trouverait. Aussi, pas un seul Gouvernement, et bien moins encore tous collectivement, n'ont été tentés d'adopter sa proposition, si ce n'est toutefois le prince régent de Portugal, qui s'est transporté au Brésil; mais la résolution a eu pour principe des évènemens, des circonstances et des motifs d'une espèce toute particulière.

Par ces explications, nous pensons avoir répondu à l'objection proposée, et avoir prouvé, tout en admettant le principe de l'émancipation, que cette vérité ne doit aucunement effrayer le Gouvernement sur ses conséquences; il ne doit donc pas renoncer à la fondation d'une nouvelle colonie, si impérieusement exigée par ses besoins en denrées coloniales et par ses intérêts commerciaux. Les profits et les avantages qui en résulteront compenseront amplement, pendant de longues années, les dépenses et les premiers frais de sa création et de son établissement, avant que la pensée de son émancipation puisse donnner de l'inquiétude. Cette émancipation doit même tourner définitivement au bénéfice et à l'avantage de la mère-patrie.

Nous nous abstiendrions volontiers de rien dire sur la cinquième objection, qui est d'une nature très-délicate ; mais comme c'est peut-être celle qui paraîtra la plus plausible, celle qui, en conséquence, sera le plus souvent présentée, nous tenterons de la traiter avec la liberté, la loyauté qui nous ont guidés, quand nous avons énoncé nos opinions dans tout le cours de cet ouvrage.

Certes, la grande supériorité maritime de l'Angleterre la rend l'arbitre du sort, et quand elle le veut, la maîtresse de toutes *les colonies*, de tous *les établissemens* des autres nations européennes, dans toutes les parties du monde. La puissance maritime est, par sa nature même, plus universelle, plus prépondérante qu'aucune puissance de terre ne l'a jamais été, ou ne puisse jamais le devenir. A Canton, comme à Constantiple, à Saint-Pétersbourg, comme à Copenhague et à Naples, à Washington, comme à Rio-Janéiro et à Lima, à Manille, comme à Acapulco et à Batavia, on doit trembler que les flottes britanniques ne viennent tout incendier. Rien ne peut les en empêcher; aucune force maritime n'existe qui puisse s'y opposer.

Quelle puissance sur terre a pu, ou pourra jamais exercer un empire aussi étendu? Ainsi donc, si l'Angleterre ne le veut pas, la France assurément ne pourra former un établissement colonial à Madagascar. Mais nous ne pensons pas que l'Angleterre veuille s'opposer à ce projet, ni même que son intérêt, bien entendu, lui commande d'y mettre des empêchemens.

Toutes les nations continentales de l'Europe ont applaudi à la lutte que l'Angleterre a soutenue avec tant de constance et de ténacité contre le système d'agrandissement et de prépondérance continentale de l'empire français. Elles ont fini par seconder ses efforts de toutes leurs forces réunies, par terrasser et détruire cet empire. Elles ne pourraient cependant, sans indifférence, voir s'établir sur ses ruines un autre colosse de puissance universelle sur mer, plus dangereux peut-être pour tous, et pour chacun en particulier, que celui qu'ils ont renversé.

Ainsi, quoique, de fait, cette supériorité, cette prépondérance de la marine anglaise existe, quoiqu'il n'y a aucune chance raisonnable que la réunion de toutes les marines du monde pût la réduire, cependant, même en faisant abstraction de tous les principes de morale et de justice, l'Angleterre doit trouver dans sa politique, dans ses intérêts bien entendus, et sur-tout dans ceux de son commerce, des raisons et des motifs bien importans pour ne pas s'aliéner les bonnes dispositions où les autres peuples et Gouvernemens de l'Europe sont à son égard.

Or, depuis les derniers évènemens, la France, par la pacification générale, est rentrée, avec tous ses droits, dans le système de la politique générale de l'Europe. Il ne peut être indifférent aux autres États, qu'elle soit maltraitée, dépouillée, ou arbitrairement et injustement empêchée d'exercer, pour son avantage, un droit qui appartient à tout État indépendant.

Il n'est donc pas raisonnable d'admettre que l'Angleterre pût ou voulût s'opposer à ce que la France entreprît l'établissement d'une nouvelle colonie, dans la vue de se procurer les productions coloniales dont elle a un besoin si urgent, de compenser la perte de Saint-Domingue, et de remplacer les autres colonies que la guerre lui a enlevées.

L'ambition de la domination universelle sur mer, et la cupidité du commerce exclusif, pourraient bien faire regarder d'un œil jaloux, par les Anglais, des entreprises de nouveaux établissemens coloniaux qui menaceraient, par leur position ou par leurs moyens d'agression, la sûreté ou le repos de leurs possessions territoriales et de leurs ports de mer aux Indes. Ainsi toute formation de nouvel établissement, tout agrandissement, toute augmentation de fortifications des anciens, sur les côtes de Coromandel, de Malabar ou au Bengale, leur donneront l'éveil, et ils s'y opposeront. Des projets de conquête ou d'acquisition de possessions territoriales, sur tout autre point du continent de l'Asie, ou aux îles de la Sonde et aux Moluques, ne leur seraient pas non plus indifférens : ils les contrarieraient sans doute, soit à force ouverte, soit par des voies indirectes.

Mais un établissement à l'île de Madagascar, fondé sur les principes que nous avons exposés, n'ayant pour but que la civilisation et la culture des denrées coloniales ; non, il n'est pas possible que la nation anglaise en prenne de l'ombrage, qu'elle veuille le contrarier. C'est la calomnier, que de le supposer; et si quelque ministère ou quelque ministre turbulent voulait y chercher un prétexte de querelle, le parlement britannique, organe de l'opinion nationale, empêcherait cette injustice.

Nous croyons donc que cette objection ne doit, pas plus que les autres, détourner de l'entreprise. Le Gouvernement se trouve en des termes d'amitié et de bonne intelligence avec le Gouvernement anglais; il pourra facilement, dans sa sagesse, éviter tout malentendu, tout sujet de jalousie, par des explications et des arrangemens à l'amiable. Il applanira les difficultés, s'il en existait, et assurera l'exécution paisible, incontestable de l'établissement.

Avant de finir ce chapitre, nous résumerons brièvement les axiomes dont nous avons cherché à démontrer l'évidence. Ils nous paraissent des principes propres à former les bases d'un bon et solide système colonial pour la France.

La France est et doit être une puissance maritime du premier rang en Europe.

Comme telle, elle doit posséder des colonies et des établissemens de commerce qui puissent lui fournir les denrées coloniales nécessaires à sa consommation intérieure et au débit qu'elle peut en avoir sur le continent. Ces établissemens fourniront un débouché aux productions de son propre sol, à son industrie manufacturière; enfin, ils alimenteront et occuperont sa marine marchande et militaire.

Les possessions coloniales restées à la France, par la pacification générale qui a terminé la révolution et la guerre, ne sont pas suffisantes pour satisfaire à ses besoins; elles ne sont pas susceptibles des extensions, agrandissemens ou améliorations nécessaires pour y suppléer.

L'abolition de la traite des nègres a rendu impossible tout nouvel établissement de colonies à esclaves.

Par conséquent, pour pouvoir produire la quantité de denrées coloniales dont la France a besoin, il n'y a d'autre moyen que la formation d'un nouvel établissement colonial, sur les principes de la culture par des bras libres.

Un pareil établisssement ne saurait être formé que dans un pays situé entre les tropiques, où les denrées coloniales puissent venir, et où, sur un sol fertile, il se trouve une population assez nombreuse pour l'exploiter, capable de recevoir le bienfait de la civilisation et de la conversion, ainsi que de s'amalgamer avec les colons qu'on y transporterait d'Europe.

De tous les pays ou contrées que l'on pourrait proposer pour un pareil établissement, aucun ne réunit les qualités exigées, comme l'île de Madagascar.

Par conséquent, on ne saurait assez tôt s'occuper des moyens propres à former sur cette île un établissement colonial, du genre et d'après les principes de ce que, dans notre définition, nous avons nommé *colonie mixte*.

Maintenant, il ne nous reste plus qu'à remplir la promesse faite dans un chapitre précédent. Nous allons donc examiner la question de l'utilité du commerce des Indes orientales et de la Chine, pour la France.

CHAPITRE XIII.

Du commerce de la France avec les Indes orientales et avec la Chine.

Tout commerce est par sa nature sujet à mille vicissitudes, provenant des changemens de goûts, de modes, de circonstances et d'évènemens qui bouleversent et agitent continuellement ce monde, et sur-tout les nations européennes.

Ainsi, le commerce des Indes orientales et celui de la Chine, ne sont plus ce qu'ils ont été, lorsque les Vénitiens les faisaient par la mer Rouge, après la découverte du passage du cap de Bonne-Espérance, ou pendant le dernier siècle, avant la conquête des possessions territoriales par les Anglais. Tous ces évènemens ont contribué puissamment à modifier et changer ces deux branches importantes de commerce.

Pour connaître s'il est avantageux ou utile à la France de faire ce commerce, on ne doit s'occuper que de son état actuel et des résultats qui en peuvent provenir.

Le commerce des Indes orientales, et principalement de l'Indostan, a tout à fait changé de face, par la souveraineté et la domination des Anglais. Ils sont les maîtres de tous les ports où l'on peut le faire, et de tous les pays où se fabriquent les marchandises nécessaires à ce commerce. Ils ont eu le bon esprit de donner dans leurs possessions une grande latitude à la liberté du commerce; et, à quelques articles près, dont ils se sont réservés le monopole, ou du moins la priorité dans les achats, on peut acheter librement et exporter toutes les productions du sol et de l'industrie du pays.

Ainsi, ce commerce n'a plus besoin de ces précautions, de ces protections qui rendaient nécessaires des établissemens de commerce ou factoreries armées, et qui déterminaient à le faire par le moyen de compagnie exclusives. Quoique l'on puisse encore suivre l'ancienne méthode de faire des avances aux ouvriers sur les commandes pour complèter les cargaisons, cela n'est plus si nécessaire ni si profitable qu'autrefois. On trouve maintenant chez les négocians, anglais et autres, établis à Calcutta, Madras, Bombay et autres ports, des assortimens et des chargemens complets de toiles de toutes espèces, tout prêts, et pour des profits modiques. En un mot, le commerce se fait maintenant dans ces contrées presque entièrement comme dans les autres pays de l'Europe.

Sur la question, si ce commerce est avantageux ou utile à la France, on peut d'abord se demander si, en général, le commerce de l'Inde est avantageux aux nations européennes. Alors, d'après le principe généralement adopté qu'un commerce, où la balance est presque entièrement d'un côté, tandis que de l'autre il faut solder avec du numéraire, comme c'est ici le cas, est réputé désavantageux et nuisible; on ne peut hésiter à convenir que ce commerce est onéreux à toutes les nations européennes, excepté aux Anglais, parce qu'ils paient les marchandises avec le produit des revenus du pays même.

On ne saurait douter, d'après cela, qu'en principe le commerce de l'Inde ne soit aussi désavantageux et nuisible aux intérêts de la France.

Mais il y a encore une autre manière relative de considérer la question : c'est que le goût pour les marchandises de l'Inde est devenu un besoin, presque une passion en Europe comme en France. On ne peut presque point se passer de ces objets ; malgré la prohibition et les impositions, on parvient à se les procurer, ce qui arrive toujours au profit de l'étranger, dont il faut les recevoir. Il vaut donc encore mieux les aller chercher soi-même, et par-là se conserver le bénéfice ; en préférant ainsi un moindre mal à un plus grand, et en le tournant du moins au profit de la navigation nationale.

Quant à la manière de faire ce commerce, par une compagnie à privilége exclusif, ou en le laissant libre, il n'est guères probable que dans le temps actuel et après toute l'expérience acquise sur ce point, on voulût encore sérieusement proposer l'établissement de nouvelles compagnies à monopole ou exclusives. Nous avons traité ce sujet dans un chapitre précédent, et nous ne croyons pas y devoir rien ajouter. Seulement, nous présenterons au lecteur cette considération de plus. Comment une compagnie en ce temps-ci, et dans les circonstances actuelles, pourrait-elle aux Indes soutenir la concurrence, ou plutôt lutter contre la prépondérance de la compagnie anglaise, qui ne manquerait pas de la ruiner et de l'écraser de tout son poids ? Non seulement la rivalité ou plutôt la jalousie de la compagnie anglaise l'empêcherait de réussir, mais encore la concurrence du commerce libre des autres nations, de celui des Anglais eux-mêmes, et sur-tout des Américains, la minerait infailliblement.

Nous pensons donc que, pour les intérêts de la France, on ne saurait prendre un meilleur parti, que de laisser simplement le commerce des Indes orientales entièrement libre et ouvert à la concurrence de tous les négocians français qui voudront l'entreprendre, en suivant l'exemple que nous donnent les Américains à cet égard.

Une compagnie exclusive pour le commerce de l'Inde ne pourrait guères entreprendre autre chose que l'achat des toiles, qu'elle devrait payer en espèces métalliques, car elle ne pourrait s'occuper de petits objets, qu'il serait possible de porter dans l'Inde. Ils ne conviennent qu'à des pacotilles, des brocanteurs, ou tout au plus à de petits navires particuliers, qui d'un port à l'autre essaieraient de placer des modiques quantités de vins, d'huiles, de modes ou de quincaillerie; mais dont une compagnie ne pourrait s'occuper, sans perdre de sa dignité, et certainement sans profit.

Le commerce libre, au contraire, trouvera encore quelquefois des débouchés pour ses factures et des achats pour ses retours. Ils l'indemniseront de ses frais, et pourront donner du bénéfice.

Quant au commerce de la Chine, il en est tout autrement, et notre opinion est bien différente à cet égard. Ce commerce là est comme celui de l'Inde, désavantageux en soi, puisque l'on ne peut également le faire qu'avec du numéraire et des espèces métalliques.

Le principal article du commerce de la Chine pour l'Europe, c'est le thé. Les Anglais en font une consommation étonnante; ils en prennent eux seuls plus que le reste de l'Europe ensemble. On doit le payer principalement en numéraire, quoique les Anglais soient parvenus à introduire quelques objets qui servent de paiement partiel à leurs achats. Ils y portent du coton en laine de Guzaratte, des draps et autres étoffes de leurs fabriques d'Angleterre, sur lesquels ils perdent; de l'étain d'Angleterre et de Sumatra, du poivre et quelques autres articles de peu d'importance; enfin de l'opium du Bengale qu'ils y introduisent en fraude. Néanmoins, les piastres d'Espagne forment la majeure partie de ce qu'ils paient pour le thé. Les porcelaines et les soieries qu'ils exportent de la Chine, ne sont que pour les marchés de l'Inde ou pour les pacotilles de commerce particulier, alloué aux officiers de leurs vaisseaux.

Toutes les autres nations européennes qui font le commerce de la Chine, sont réduites à y porter des piastres ou autres espèces métalliques; mais les piastres sont la monnaie préférée et la plus profitable, à cause du taux auquel les Chinois les reçoivent.

La quantité énorme de piastres qui va s'engloutir toutes les années dans ce commerce est incroyable, et jamais une seule piastre ne sort de la Chine. Toutes y sont consommées ou pour mieux dire consumées; car, qui le croirait? la majeure partie, si ce n'est la totalité de l'argent importé à la Chine, est employée à être battue en feuilles extrêmement minces. Elles sont appliquées sur des petits morceaux de papier, qui servent aux cérémonies funèbres, dans l'espèce de culte dont les Chinois honorent à différentes époques leurs parens décédés; alors, ces petits morceaux de papier argenté, qui doivent représenter de l'argent, sont portés avec les autres offrandes en comestibles, etc., aux tombeaux des ancêtres et brûlés en cérémonie. Il est surprenant qu'un pareil usage puisse absorber les sommes considérables qui sont importées annuellement en Chine; mais la chose nous a été positivement assurée par des Chinois très-bien informés et dignes de foi. Non seulement cet usage a lieu pour l'argent; mais comme les pauvres gens le trouvent fort coûteux, ils se servent d'étain, au lieu d'argent, pour l'appliquer sur les petits morceaux de papier brûlé aux funérailles. Il représente l'argent offert aux morts; et l'on prétend que presque tout l'étain importé annuellement en Chine est aussi destiné à cet usage et anéanti.

On sent, en conséquence, combien ce commerce doit à la longue être nuisible à l'Europe, puisqu'il absorbe une si importante quantité de numéraire qui jamais ne retourne à la circulation. Pour l'Angleterre sur-tout, il doit être ruineux, à cause de la quantité énorme de thé qui s'y consomme. Cependant cette nation essentiellement commerçante et calculante a cru ne pouvoir s'opposer à ce mal. Elle a voulu conserver pour soi le bénéfice sur ce commerce, en le libérant des forts droits d'entrée qu'on y avait mis, et qui encourageaient la contrebande. Elle a obligé la Compagnie des Indes à importer annuellement, et à vendre à des prix modiques, toute la quantité de thé exigée pour la consommation intérieure. C'est le motif et la disposition du fameux *Commutation act* passé sous le ministère de M. Pitt.

Les Hollandais, les Danois, les Suédois et les Américains vont chercher en Chine, le thé dont ils ont besoin pour leur propre consommation, et pour débiter aux autres nations de l'Europe qui ne font pas ce commerce. Avant le *Commutation act*, ils en importaient beaucoup par fraude en Angleterre; mais depuis cet acte ils ne peuvent soutenir la concurrence, et ils n'y importent plus rien.

La Chine et le Japon sont les seuls pays en Asie ou les gouvernemens ont été assez forts et en même temps assez fermes, pour empêcher aux Européens toute espèce d'établissemens de commerce fortifiés ou armés, qui ont fini presque par-tout par occasionner des querelles, des guerres, des envahissemens, des conquêtes et l'acquisition de possessions territoriales. Ces gouvernemens ne se sont pas même bornés-là, ils ont soumis le commerce européen à une surveillance et une police particulière, qui en Chine est coercitive, et au Japon humiliante.

En Chine, par suite de ces dispositions, le commerce des européens est borné à la seule ville et au port de Canton, ou même à un seul quartier de la ville où leurs factoreries sont placées. Ce commerce a lieu à une époque fixe de l'année, pendant laquelle seulement les vaisseaux européens y sont admis. Un certain nombre de négocians chinois forme une espèce d'association, connue sous le nom de *Hong*: ils ont le privilége exclusif de commercer avec les Européens, quoique chacun trafique individuellement et pour son propre compte. Il est probable qu'ils paient collectivement au gouvernement pour ce privilége, une rétribution dont ils sont solidairement responsables. Enfin les Chinois, comme les Japonais, sont restés les maîtres chez eux.

Maintenant, il s'agit de savoir si ce commerce, tel qu'il est, est avantageux ou du moins utile à la France; et, dans le cas de l'affirmative, de quelle manière il conviendrait de le diriger, par une compagnie avec ou sans privilége exclusif, ou par le commerce libre.

Nous avons fait voir que le commerce de la Chine en soi est désavantageux pour les nations de l'Europe, puisqu'on ne peut le faire qu'en y portant du numéraire, sinon pour le tout, au moins pour la majeure partie de ce qu'on y achète. La France ne pourra guères trouver moyen de le faire différemment; car sur les étoffes de laine et autres objets de fabrique et manufacture européenne, il n'y a pas de profit à faire, et excepté quelques curiosités ou méchaniques d'horlogerie dont les Chinois sont assez amateurs, on ne trouve presque rien à débiter à ce peuple entiché de ses propres arts, de ses habitudes, de ses manières de se vêtir, etc.

La France pourrait de même fort bien se passer des productions de la Chine, et ainsi l'on renoncerait à ce commerce. Mais, comme nous l'avons observé, le goût des Européens pour les productions tropicales est tellement devenu une passion et un besoin, qu'il serait difficile, si ce n'est impossible, de les faire renoncer à leur consommation. Cependant, le thé est presque le seul objet venant de la Chine, qu'on ne puisse tirer que de là, et dont les habitans de l'Europe ne sauraient plus se passer. Quoiqu'il s'en faille de beaucoup que le goût et l'habitude d'en prendre soit aussi général en France qu'en Angleterre et en Hollande; néanmoins il est déjà tellement répandu et devenu de mode, que la consommation de cette plante nous paraît un objet assez important pour mériter de fixer l'attention du gouvernement.

Si, comme il doit être assez facile de le vérifier, par le moyen des douanes, l'importation du thé, pour la consommation intérieure est aussi considérable que nous le présumons, il est certain que c'est un tribut que la France paie à l'étranger, et un fort article contr'elle dans la balance du commerce. Alors il ne peut être douteux, qu'il serait préférable d'aller chercher soi-même en Chine la quantité de cette production dont on aura besoin pour sa propre consommation, et même pour la réexportation à l'étranger, si on peut le faire avec avantage.

La question ainsi considérée, que la France ne pouvant se passer d'une certaine consommation, et par conséquent d'importation de thé, il lui est plus avantageux de faire ce commerce directement avec la Chine, que de le recevoir de l'étranger, le payer ainsi plus cher et perdre le bénéfice du fret; le résultat doit être une décision affirmative en faveur du commerce de la France avec la Chine. Il faudra donc passer à l'examen de la seconde question, sur le meilleur mode à adopter pour faire ce commerce.

Nous avons parlé de l'état du commerce des Européens en Chine, et des dispositions du gouvernement et de la nation chinoise à son égard; on ne peut guères s'attendre à les voir changer ou améliorer, car les Chinois font peu de cas de notre commerce, et le gouvernement ne s'en soucie nullement. On voit que les acheteurs s'étant bornés au seul port de Canton et à faire leurs achats des seuls négocians de l'association du *Hong*, la concurrence ne pourrait que leur être nuisible contre le monopole du vendeur. Ainsi, il est préférable d'opposer le monopole au monopole; il ne s'agit que d'acheter une seule marchandise, le thé; que d'en faire le paiement avec une seule, le numéraire; de sorte que si des concurrens se présentaient, le résultat serait nécessairement qu'ils recevraient de moins bonnes marchandises, qu'ils devraient payer plus cher; de plus, ne s'entendant pas pour les assortimens préférés et propres à la consommation en France, ils se nuiraient encore entr'eux sous ce rapport.

Enfin, tous les argumens et raisonnemens employés en faveur des priviléges exclusifs par les partisans de ce système, sont vrais et applicables au commerce de la Chine. Ce commerce est encore à présent tel qu'au temps de la découverte, tel qu'il était alors dans toute l'Inde, tel enfin que les avocats de cette cause se plaisent à le supposer et à le représenter toujours, pour donner de la force à leurs argumens.

Nous pensons donc qu'il est de l'intérêt et

de la dignité de la France d'entreprendre de nouveau le commerce direct avec la Chine, et que pour le bien de l'État, qui est le bien de tous, il convient de former une compagnie destinée à ce commerce.

Cette compagnie n'aurait peut-être pas besoin d'un privilége exclusif, parce que les avantages que lui assureraient un capital considérable et la faveur du gouvernement, écarteraient la concurrence des particuliers. Cependant il serait possible que des expéditions fussent entreprises par d'autres associations ou individus, peut-être même sous pavillon français pour le compte de l'étranger, qui souvent a fait de pareilles spéculations; elle pourraient nuire à la réussite, et faire craindre aux capitalistes de s'y intéresser. Nous croyons donc que pour reprendre le commerce de la Chine, il conviendrait que le gouvernement encourageât l'établissement d'une compagnie, en lui accordant un privilége exclusif pour vingt ou vingt-cinq ans; mais aussi en lui imposant des conditions dont les résultats avantageux à tout l'État compenseraient les faveurs accordées pour assurer ses succès.

Ces conditions devraient consister principalement, en ce qu'après qu'on aurait vérifié à peu près la quantité de thé nécessaire pour la consommation annuelle de la France, ainsi que les qualités ou assortimens les plus recherchés, la compagnie serait *obligée* d'importer tous les ans la quantité et les qualités ainsi constatées, et de les vendre à des prix modérés, ce qui rendrait l'introduction en fraude impossible.

Le capital à former par le moyen d'actions, devrait être proportionné aux opérations que la compagnie aurait à faire, et qui dépendent principalement de la quantité de thé qu'on aurait trouvée nécessaire à la consommation de la France. D'après cela, on pourrait fixer la quotité du tonnage dont on aurait besoin. Peut-être que, pour le commencement, l'expédition d'un seul grand vaisseau par année suffirait.

La compagnie ne devrait pas armer et encore moins construire des vaisseaux pour son propre compte, mais plutôt suivre l'exemple de la compagnie anglaise, et fréter annuellement les bâtimens que son commerce exigerait.

La compagnie ne devrait porter à la Chine, pour payer le thé, que des piastres d'Espagne, qu'elle peut acheter comme toute autre marchandise, soit en France, soit à Cadix. Tout ce que l'on pourrait porter à Canton en objets d'horlogerie ou autres produits des fabriques françaises, devrait être abandonné pour les pacotilles des officiers et employés des équipages, ainsi que les curiosités ou autres bagatelles de l'industrie chinoise qu'on pourrait importer en France.

Cependant, si avec le temps on trouvait moyen de débiter en Chine, avec quelque avantage, des quantités considérables de draps et autres étoffes de laine des fabriques et manufactures françaises, la compagnie pourrait et même serait obligée d'en faire une partie de ses cargaisons d'exportation. L'importation des porcelaines et soieries chinoises en France devrait être prohibée, pour l'intérêt des manufactures françaises.

La direction des affaires de la compagnie, en Europe, devrait être confiée à trois ou tout au plus à cinq directeurs connaissant bien le commerce de la Chine.

Trois subrécargues, avec trois assistans ou aspirans faisant le service de commis, résideraient constamment à la Chine, pour y diriger et surveiller les achats du thé. Avec chaque vaisseau il partirait un subrécargue et un ou deux assistans, qui relèveraient à Canton ceux qui y auraient resté le plus long-temps. Ces derniers reviendraient avec le vaisseau. Ils seraient chargés de la responsabilité et de la comptabilité du chargement. Le gouvernement aurait un commissaire près de la direction en Europe, pour surveiller la stricte exécution des règlemens et des conditions imposées à la compagnie. Il entretiendrait à Canton un agent, qui, comme chef de la factorerie française, protégerait et surveillerait en même temps les intérêts et les opérations de la compagnie.

Toute ambassade ou mission en Chine, pour obtenir des faveurs de commerce ou autres avantages, ne peut avoir d'autre résultat que de causer des dépenses inutiles. Le peu de succès des dernières ambassades anglaises et hollandaises en fournit la preuve.

Le gouvernement chinois ne veut point de liaison politique avec les nations de l'Europe, pas même avec la Russie; et pour les intérêts commerciaux, ce n'est qu'avec dédain et mépris qu'il s'en occupe. Aussi, au moindre incident, il suspend et interrompt ce commerce, en menaçant de le faire cesser entièrement; ce qui prouve bien qu'il ne s'en soucie pas, malgré l'immense avantage qu'il a de vendre annuellement des feuilles de thé pour des sommes exhorbitantes, payées en numéraire.

Les Anglais cependant y envoient une nouvelle ambassade; peut-être croient-ils qu'en s'étayant de leurs grands succès en Europe, ils pourront obtenir des avantages ou priviléges de commerce au détriment des autres nations européennes. Nous doutons fortement du succès de cette nouvelle tentative (1).

En faisant assurer les navires et cargaisons, contre tous risques de la mer et de la guerre, la compagnie se mettrait à l'abri de grandes pertes, et pourrait compter sur un bénéfice raisonnable. Il faudrait, en conséquence, fixer le dividende à un maximum de huit pour cent à partager aux actionnaires ; et si les gains montaient au-delà, ce surplus serait divisé en trois parties, un tiers serait encore pour les actionnaires, un tiers pour le gouvernement, le dernier tiers serait mis en réserve. Il servirait en cas de besoins extraordinaires, ou serait partagé entre les actionnaires à l'expiration du privilége exclusif, ou enfin serait donné en tout ou partie au gouvernement, dans le cas du renouvellement de l'octroi, comme indemnité.

---

(1) Cette ambassade n'a pas réussi. (*Note du trad.*)

CHAPITRE XIV.

De l'exclusif national, et conclusion.

Nous avons traité dans un des chapitres précédens, la question des compagnies exclusives ou du monopole; puis dans le dernier chapitre, nous avons cherché à faire l'application de nos principes au commerce de la France, avec les Indes orientales et avec la Chine. Il nous reste encore à discuter, avant d'en venir à la conclusion finale de notre ouvrage, une question très-importante, qui appartient à la matière du système colonial : c'est celle de l'*exclusif national*.

L'*exclusif national* est cette disposition ou loi fondamentale adoptée par toutes les nations européennes qui ont formé des établissemens dans les autres parties du monde : elle assujettit ces établissemens, possessions ou colonies, à n'avoir aucunes liaisons de commerce ou communications quelconques avec d'autres nations. Ils doivent ne commercer qu'avec la métropole, à laquelle seule ils peuvent vendre leurs productions, et ils reçoivent d'elle seule tous leurs objets de consommation.

Ce système étant généralement adopté et suivi par tous les gouvernemens des métropoles, aucun peuple en particulier ne pourrait impunément s'en écarter tout à fait, puisqu'il abandonnerait à d'autres des avantages que ceux-là lui refusent; aussi a-t-il été maintenu en principe jusqu'à présent, presque par tous les gouvernemens, à l'égard de leurs *colonies*, et sur-tout pour les *colonies mixtes* et les *colonies à esclaves*, comme éminemment *productrices* et *consommatrices*. Ceci est essentiel à remarquer, parce que les modifications que les Anglais y ont portées par la liberté du commerce et l'admission des pavillons étrangers, accordées dans les ports de mer de leurs *possessions territoriales*, en Asie, proviennent justement de la différence de la nature de ces *établissemens* d'avec les *colonies* proprement dites; elles prouvent la nécessité des distinctions que nous avons cherché à établir par notre nomenclature technologique.

Cette liberté de commerce et cette admission de navires étrangers dans leurs possessions territoriales, adoptée par les Anglais, est une déviation du système exclusif national;

mais déviation utile et avantageuse à cette espèce de possessions; aussi paraît-il que les Hollandais en vont suivre l'exemple, pour leurs possessions territoriales aux Indes orientales; ce qui ne pourra manquer d'avoir les suites les plus favorables pour le commerce aux Indes de toutes les nations maritimes de l'Europe. Mais en même temps l'inutilité pour elles d'entretenir, dans cette partie du monde, des *établissemens de commerce* fastueux et dispendieux, qui n'auront plus aucun but, se trouvera démontrée.

Ce n'est donc qu'à l'égard des *colonies* que cette question reste à décider : si l'*exclusif national* est utile et nécessaire ou non.

Nous avons déjà dit, par rapport aux autres nations, que tant qu'elles maintiendront ce système, il serait au moins imprudent de s'en écarter, parce que, sans réciprocité, on accorderait ce que l'on n'obtiendrait pas soi-même.

Quant aux colonies elles-mêmes, il nous paraît que tant qu'elles sont encore dans l'âge de leur enfance, c'est-à-dire qu'elles ne peuvent se soutenir sans les soins, la défense et la protection de la mère-patrie, il n'y a que justice à ce que tous les avantages et profits résultant de leur possession, reviennent à leur métropole, ce qui ne peut avoir lieu que par le moyen de l'exclusif national.

C'est sur-tout lors de la formation d'un nouvel établissement colonial, tel que nous l'avons proposé dans cet ouvrage, que le maintien de l'exclusif national nous paraît absolument nécessaire, pour assurer les mesures d'organisation primitive, et juste pour couvrir les frais et les dépenses auxquels un établissement nouveau oblige le gouvernement.

En admettant la nécessité et la justice de l'exclusif national pour les colonies, nous pensons néanmoins qu'il est possible de modifier ce système et d'en faire l'application de manière à le rendre avantageux et agréable, non seulement aux habitans des colonies, mais même aux négocians de la mère-patrie qui en font le commerce, ainsi qu'à tous ceux qui y sont intéressés. Une mesure ou disposition fort simple consisterait à faire payer aux colonies mêmes, lors de l'exportation, l'imposition ou le droit dont on charge ordinairement les denrées coloniales à leur entrée dans les ports du royaume. Ces denrées entreraient ensuite librement et sans payer aucuns droits dans les ports français; tous les produits du sol et de l'industrie française seraient admis de même sans payer aucun droit dans les ports des colonies, et ne paieraient en sortant des ports de France, que les droits ordinaires d'exportation, selon le tarif des douanes.

La conséquence de cette disposition, au moins nous le croyons, serait que les vaisseaux chargés de denrées coloniales auraient le plus grand intérêt à n'entrer que dans les ports de France, où ils n'auraient plus aucun droit à payer, tandis que dans tous les autres ports de l'Europe ils y seraient sujets.

De cette manière on s'assurerait de l'exclusif national, sans aucune loi prohibitive, par l'intérêt même des colons et des commerçans. On pourrait même permettre hardiment l'admission des navires étrangers dans les ports des colonies, et la concurrence de leur commerce, en mettant sur toutes leurs importations aux colonies, un droit considérable; et sur les exportations un nouveau droit un peu plus fort que la taxe payée par les vaisseaux français.

Alors, on comprend facilement qu'il serait impossible aux négocians étrangers d'aller charger des denrées coloniales aux colonies françaises, puisque par-tout, et même dans les ports de France, ils ne pourraient importer leurs denrées qu'en payant des droits d'entrée considérables. De même ils ne pourraient porter aux colonies, qu'avec un désavantage trop fort, les objets de fabrication, d'industrie ou autres marchandises de leurs pays; excepté dans le cas où par des circonstances particulières, telles que la guerre, la rareté de quelques objets de nécessité aurait été produite; alors l'importation étrangère pourrait devenir un bienfait pour la colonie.

Le paiement de l'imposition ou du droit sur les productions coloniales, lors de l'exportation des colonies, aurait encore le double avantage d'assurer au gouvernement les fonds nécessaires pour les dépenses de l'administration, et de faire rester dans les colonies le numéraire pour la circulation intérieure.

Nous pensons donc que tout en maintenant encore pour les *colonies* le principe de l'*exclusif national* comme un *droit*, et sur-tout aussi long-temps qu'il restera la base du système colonial des autres nations maritimes, on pourrait cependant le modifier, et le rendre supportable, par des dispositions comme celles que nous venons d'indiquer. Alors, l'intérêt du colon, ainsi que du négociant, serait d'amener toutes les productions coloniales dans les ports de la mère-patrie. Il en serait de même pour la consommation. Ils préféreraient les produits du sol et de l'industrie nationale aux marchandises étrangères. On pourrait donc, sans inconvéniens, permettre la communication avec des navires étrangers, sans pouvoir être nuisibles : ces relations seraient toujours de quelque utilité ou du moins d'agrément pour les habitans des colonies.

C'est l'extrême rigidité du système de l'*exclusif national*, exercé par l'Espagne sur ses colonies, qui a retardé chez elle la prospérité, la civilisation, l'industrie, la culture, enfin tout ce qui contribue au bonheur et au bien-être des hommes réunis en société. Ce système rigide est de plus, en ce moment, la cause principale de l'esprit d'insurrection et de révolte manifestée dans toutes les parties de ce colosse colonial; quoique le principal motif de la sévérité de l'exclusif national ait été la crainte de l'émancipation. D'après cela, on peut apprécier la valeur des principes anti-sociaux, ou du moins anti-commerciaux.

Le Brésil vient de nous donner un exemple d'une politique bien différente. Le souverain de ce pays, presqu'aussitôt qu'il y est arrivé, en a ouvert les ports au commerce de toutes les nations. Mais aussi le Brésil a changé de nature :

de colonie il est devenu état indépendant et pour ainsi dire métropole. La transmigration de la cour et du siège du gouvernement à Rio-Janéiro, qui en fait la capitale de la monarchie, a dû nécessairement amener ce changement, qui ne peut manquer d'avoir les suites les plus favorables pour ce riche pays.

Les Anglais avaient commencé par obtenir cette liberté de commerce pour eux, comme une faveur exclusive; ils sont maintenant très-jaloux de ce que le gouvernement portugais a très-sagement étendu cette mesure à toutes les nations, et la considèrent presque comme une émancipation.

Si le gouvernement du Brésil continue dans le système de sagesse, de modération, de saine politique, sur-tout en fait de commerce, et de tolérance, qui caractérise maintenant tous ses actes et ses dispositions, assurément l'accroissement de la prospérité et de la richesse de cette première monarchie du Nouveau-Monde, étonnera l'ancien par la rapidité de sa marche et la hauteur où elle s'élèvera.

Les États-Unis d'Amérique offrent déjà, depuis plusieurs années, au monde civilisé, le spectacle surprenant de l'accroissement possible d'un État naissant, en population, puissance et richesse. Ils ont déjà beaucoup d'avance sur le Brésil; néanmoins les efforts simultanés de ces deux États vers leur prospérité, sous des formes différentes, offriront à l'observateur philosophe un spectacle bien intéressant.

Les gouvernemens modernes, éclairés par tant de faits, d'expériences et d'exemples, ont bien des avantages sur ceux des temps antérieurs. Ceux-ci n'allaient et ne pouvaient guère aller qu'en tatonnant, dans la vaste carrière de l'administration, où maintenant il ne s'agit, pour ainsi dire, que de vouloir pour trouver la meilleure route possible. Quoique peut-être la partie du commerce et du système d'administration des colonies soit une des moins bien entendues, et sur lesquelles il y a le plus de diversité d'opinions, des lumières moins généralement répandues, nous pensons cependant que les opinions et les intentions libérales qui caractérisent le gouvernement actuel, ne peuvent manquer de faire saisir, adopter, et suivre un bon système pour ces branches importantes de la prospérité nationale.

Si, par les définitions données, par les discussions sur quelques questions intéressantes et la proposition de quelques idées neuves, notre ouvrage peut contribuer à jeter une nouvelle clarté sur cette matière, et à rectifier ou fixer les opinions sur des questions indécises; s'il peut, du moins, en faciliter l'intelligence à ceux qui ne sont pas au courant de ces matières, nous nous estimerons très-heureux et amplement récompensés de la peine que nous avons prise.

FIN.

TABLE

DES CHAPITRES

Contenus dans cet ouvrage.

FIN DE LA TABLE.

www.ingramcontent.com/pod-product-compliance
Ingram Content Group UK Ltd.
Pitfield, Milton Keynes, MK11 3LW, UK
UKHW012207240726
13966UKWH00002B/622

9 782012 475069